말맛이 살고 글맛이 좋아지는

EBS 초등
과학 탐구 어휘 맛집

글 홍옥 | 그림 미늉킴

과학 공부도 기초 어휘 맛부터 익숙해져 볼까?

나뭇잎은 왜 대부분 초록색을 띨까? 지구는 왜 태양 주위를 돌고, 어째서 달은 밤마다 모양이 변할까? 비행기는 어떤 원리로 하늘을 날지?

우리는 눈에 보이는 자연 현상이나 기술을 만나면 왜 그런지 의문과 호기심을 가져요. '호기심'은 '새롭고 신기한 것을 좋아하거나 모르는 것을 알고 싶어 하는 마음'이에요. 과학을 공부하는 데 꼭 필요하지요. 뭔가에 대해 궁금증이 생겨야 그걸 탐구하고 연구해서 답을 찾을 수 있으니까요.

문제는, 궁금해하는 마음과 달리 과학이라는 분야를 접하면 자꾸 어렵고 복잡하다는 생각부터 하게 돼요. 개념이나 원리를 이해하기도 전에 사용하는 말의 벽에 부딪히는 경우가 많지요. 과학에서 쓰는 말은 특별히 '용어'라고 불러요. 용어는 '어떤 분야에서 전문적으로 사용하는 말'을 뜻하는데, 전문적이라는 표현 자체가 낯설고 부담스럽게 다가올 수 있어요. 또 대부분 용어가 어려운 한자어나 외래어, 외국어로 되어 있어서 더 거리감이 생기기도 하지요. 과학이 점점 어렵게 느껴지는 이유예요.

　하지만 과학 용어도 우리가 쓰는 어휘에 포함돼요. 무조건 멀리하지 말고, 어휘를 익힌다는 생각으로 접근해 보면 어떨까요? 특히 과학 교과서에 나오는 말들은 우리가 살면서 꾸준히 접하고 쓰는 기초 어휘들이 많아요. 어휘의 뜻을 찬찬히 살피다 보면 자연스럽게 개념을 이해하게 되고, 개념을 알면 원리가 어떻게 되는지, 용어를 어떻게 써야 하는지 파악할 수 있어요. 한 예로, '엽록소'는 '잎을 푸르게 하는 색소'란 뜻이에요. 엽록소 때문에 나뭇잎이 초록색으로 보이는 거라고 이해할 수 있답니다.

　이 책《어맛! 과학 탐구 어휘 맛집》은 초등학교 과학 교과서에 나오는 용어와 어휘를 정리하고, 어린이들이 좀 더 쉽게 이해할 수 있도록 다듬었어요. 또 교과서에 나오지는 않지만 우리가 많이 접하고 있는 과학 기술과 환경에 관한 어휘들도 담았어요. 이들 어휘의 기본적인 뜻을 알고 생활 속에서 어떻게 활용하는지 살피다 보면, 자연스럽게 나만의 익숙한 용어와 개념으로 자리 잡게 될 거예요. 여기에 여러분의 호기심과 탐구심을 더해 보세요. 즐거운 과학 생활이 이어질 것 같지 않나요?

차례

1장 탐구와 실험의 맛

황당한 탐구…10
어떤 공통점…14
변인 통제 실패…18
화상을 조심해…22
가로세로 십자말풀이 ❶…26

2장 화학의 맛

순물질이 좋아…30
기화 현상이다…34
방귀 입자의 확산…38
불완전 연소 캠프…42
옥이의 영양제 용액…46
가로세로 십자말풀이 ❷…50

3장 물리의 맛

두루의 무게와 질량…54
광속의 꼬북이…58
탄성력이 없다고?…62
자기장과 보물 상자…66
가로세로 십자말풀이 ❸…70
동구 목소리의 맵시…72
전기와 두꺼비집…76
달빛의 반사…80
찜질방의 열평형…84
가로세로 십자말풀이 ❹…88

4장 생물의 맛

옥이도 식물이야…92
포유류의 불만…96
탈바꿈과 탈피…100
세포와 줄넘기…104
겁쟁이 유전자…108
가로세로 십자말풀이 ❺…112

6장 기술 과학의 맛

뒤늦은 신소재 발견…144
유전자 가위라면?…148
기술 상용화 시대…152
사건의 지평선 너머…156
가로세로 십자말풀이 ❼…160

5장 지구 과학의 맛

일식 있는 날…116
지진이 났다…120
현무암과 흑룡…124
큰 저기압이 온다!…128
좋아하는 절기…132
빅뱅의 실체…132
가로세로 십자말풀이 ❻…140

7장 환경의 맛

생태계에서 옥이는?…164
외래종의 교란…168
탄소 발자국…172
기후 위기와 탄소 중립…176
가로세로 십자말풀이 ❽…180

★ 십자말풀이 정답…182
★ 과학 탐구 어휘 찾아보기…184

EBS 초등  시리즈는?

어휘력이 좋으면 공부가 재미있어지고, 말솜씨와 글솜씨 모두 좋아져요.
〈EBS 초등 어맛 시리즈〉는 재미있는 어휘 뜻풀이와 문장 활용을 통해
어린이들의 표현력과 문장력을 길러 줄 거예요.
맛있는 음식을 먹고 기분이 좋아지는 것처럼, 다양한 어휘와 표현을 맛보면서
풍요로운 언어생활을 즐겨 보세요.

등장인물

두리
천방지축 5학년 소녀.
호기심과 탐구심이 강하다.
과학을 아주 좋아하지만
아직 모르는 것들도 많다.
성격이 약간 급한 편인데
그래서인지 실행력이 좋다.

두루
두리의 남동생. 3학년.
우주에 관심이 많으며,
화성 개척을 꿈꾼다.
꼬북이를 사랑하며
푸름이의 반려 식물
옥이도 가끔 챙겨 준다.

꼬북이
두리와 두루네 반려 거북이. 호스필드 육지거북.
최초로 달을 돌고 온 거북의 후손이란 사실을
자랑스럽게 여긴다. 언젠가 두루와 함께
우주로 나가길 꿈꾸는 낭만 거북이.

슬아
발명왕을 꿈꾸는 두리의 단짝.
뭐든 발명할 거라고 큰소리치지만,
이미 연구 중이거나 나와 있는
기술이다. 뒷북치기 일쑤이지만
기초 과학 상식만큼은 일인자.

옥이
푸름이가 키우는 파리지옥.
모기나 하루살이를 잡아먹는
식충 식물로 알려졌지만,
옥이는 곤충을 잘 잡지 못한다.

푸름이
반려 식물 옥이를 애지중지한다.
소심한 성격처럼 보여도 할 말은 하고,
과학 상식도 생각보다 풍부하다.
이성 친구들한테 인기가 많은 편.
변비가 있어서 방귀를 자주 뀐다.

둥구
문학을 사랑하는 소년.
과학에 대해서는 잘 모르지만
하는 말들이 과학적일 때가 있다.
"우리 인생은 마치 우주처럼
한 점으로부터 시작되지."
빅뱅 얘기를 하는 것 같지만,
자신은 정작 빅뱅이 뭔지 모른다.

황당한 탐구

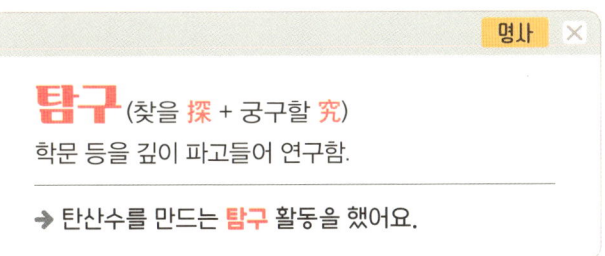

'탐구'는 어떤 문제나 주제에 관해 스스로 정보를 찾고 깊이 있게 연구해 가는 일이에요. '과학 탐구'는 의문에 관해 과학적인 과정을 통해 답과 이론을 찾는 과정이고요. 궁금한 문제의 결론을 예상해 보고, 실험과 관찰을 통해 확인하는 거예요.

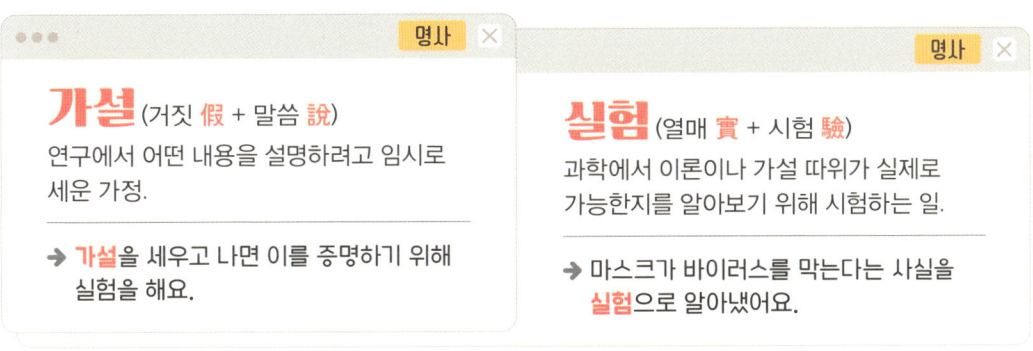

'가설'은 어떤 궁금한 점을 설명하기 위해 예상한 답이에요. 아직 그 답이 맞는지 맞지 않는지 밝혀내지 않은 상태예요.

자신이 예상한 답 즉, 가설이 옳은지 알아보기 위해 일정한 조건이나 상황을 만들어서 그 현상을 살펴봐야 해요. 이게 바로 '실험'이에요.

 이런 뜻이 있어요

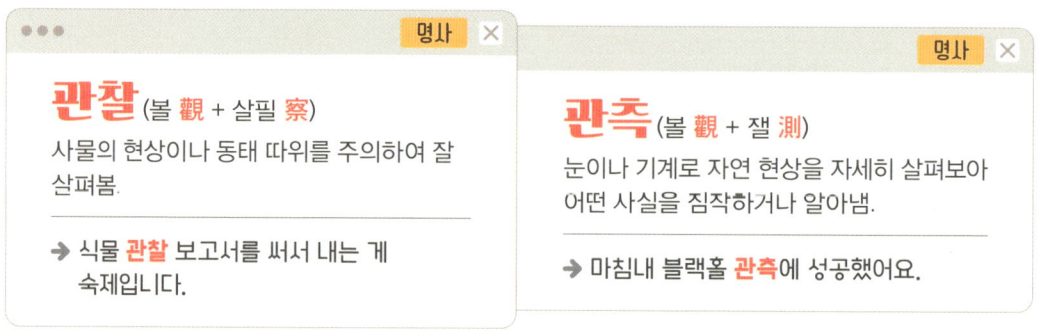

관찰 (볼 觀 + 살필 察) _명사_
사물의 현상이나 동태 따위를 주의하여 잘 살펴봄.
→ 식물 **관찰** 보고서를 써서 내는 게 숙제입니다.

관측 (볼 觀 + 잴 測) _명사_
눈이나 기계로 자연 현상을 자세히 살펴보아 어떤 사실을 짐작하거나 알아냄.
→ 마침내 블랙홀 **관측**에 성공했어요.

'관찰'은 기본적으로 잘 살펴보는 거예요. 어떤 대상이 어떻게 되어 있고, 어떻게 생겨나는가를 확인하는 작업이지요. 비슷한 말로 '관측'이 있어요. 관측은 눈과 귀, 또는 도구 등을 이용해서 주로 자연 현상을 살펴보고 사실을 알아내는 거예요.

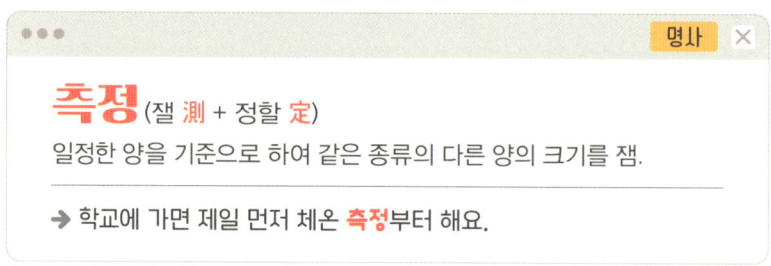

측정 (잴 測 + 정할 定) _명사_
일정한 양을 기준으로 하여 같은 종류의 다른 양의 크기를 잼.
→ 학교에 가면 제일 먼저 체온 **측정**부터 해요.

'측정'은 도구나 장치를 이용해서 물체의 부피, 길이, 무게 등을 재는 거예요. 길이는 자를 이용해 재고, 무게는 저울을, 액체 등의 부피는 눈금이 있는 계량기나 실린더 등으로 재지요.

어맛! 말맛 살리는 **과탐 어휘 퀴즈**

※ 아래 빈칸에 어울리는 말을 고르세요.

❶ 관찰할 때는 주로 시각, 청각, 후각, 미각, 촉각의 ☐☐ 을 사용해요.

힌트 1 '눈, 귀, 코, 혀, 피부로 느끼는 다섯 가지 감각'을 말해요.
힌트 2 다른 말로는 '오각'이라고도 해요.

① 오감
② 영감
③ 체감

❷ 물질 온도를 정확하게 측정하기 위해 ☐☐☐ 를 사용해요.

힌트 1 온도를 재는 기구예요.
힌트 2 몸 온도를 재는 체온계, 대기의 온도를 재는 기온계 등이 해당해요.

① 우주계
② 온도계
③ 인간계

어떤 공통점

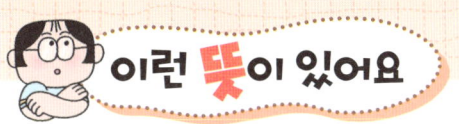 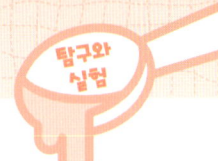

예상 (미리 豫 + 생각 想) 〔명사〕
앞으로 있을 일이나 상황을 짐작함. 또는 그런 내용.
→ 실험 **예상**이 빗나가서 속상했어요.

추리 (옮길 推 + 다스릴 理) 〔명사〕
알고 있는 것을 바탕으로 알지 못하는 것을 미루어 생각함.
→ 우리가 **추리** 과정에서 뭘 놓친 걸까요?

'예상'은 앞으로 일어날 일을 미리 헤아려 보는 것으로, 비슷한 말에는 '예기', '예측' 등이 있어요. 과학 실험에서는 관찰하거나 경험한 걸 바탕으로 법칙을 찾아내면, 무슨 일이 일어날지 더 쉽게 예상할 수 있어요.

'추리'는 어떤 경험이나 사실을 토대로 과거에 무슨 일이 일어났는지 그 원인을 생각하여 결론으로 이르는 거예요. 탐구하려고 하는 사물이나 현상을 주의 깊게 관찰하여 정보를 많이 얻을수록 더 과학적이고 명확한 추리를 할 수 있어요.

규칙성 (법 規 + 법 則 + 성품 性) 〔명사〕
어떤 일이나 현상에 일정하게 나타나는 질서나 법칙에 맞는 성질.
→ 개미의 움직임에는 나름의 **규칙성**이 있어요.

'규칙성'은 '사물이나 현상이 어떤 환경이나 조건에 따라 일정하게 존재하거나 변화하는 성질'을 말해요. 예를 들어, 밤하늘에 떠 있는 달을 관찰하다 보면 달의 위치에 따라서 모양이 일정하게 변하는 걸 알 수 있어요. 달의 위치와 모양 변화의 규칙성을 발견하게 되는 것이지요.

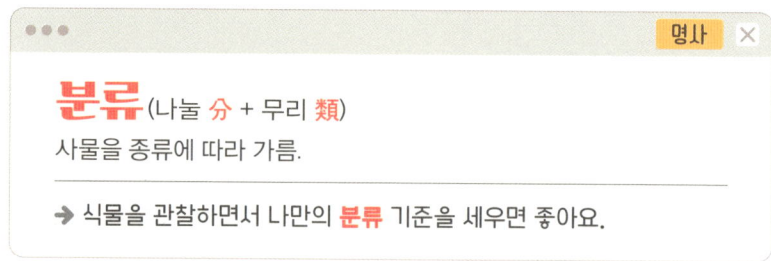

'분류'는 탐구하는 대상을 기준에 따라 나누는 거예요. 관찰 대상의 특징을 찾아서 서로 비슷한 점이나 다른 점에 따라서 나누거나 한데 묶어요. 같은 결과가 나올 수 있어야 과학적 분류 기준으로 삼을 수 있어요.

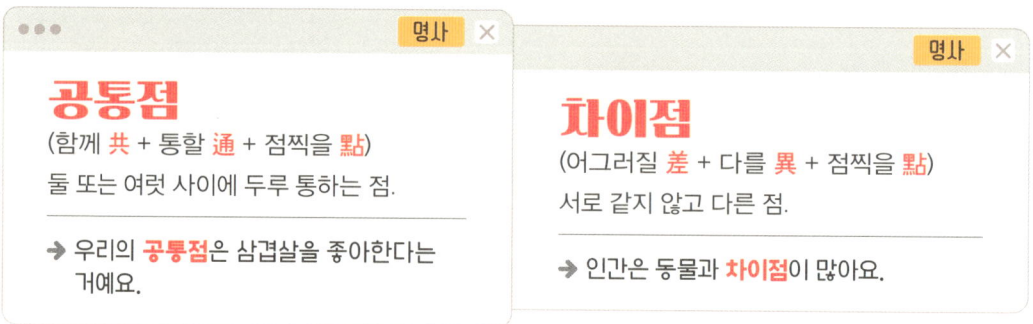

'공통점'은 둘 이상 사이에서 서로 같거나 통하는 요소를 말해요. 비슷한 말에는 '동일점', '유사점'이 있어요. '차이점'은 두 대상을 비교했을 때 다른 요소예요. 비슷한 말에는 '상이점'이 있어요. 사물을 분류할 때 공통점과 차이점에 따라 나누는 일은 기본이에요.

어맛! 말맛 살리는 **과탐 어휘 퀴즈**

※ 아래 빈칸에 어울리는 말을 고르세요.

❶ 과학과 관련된 생각, 정보를 주고받는 일이
 '과학적 ☐☐☐☐'이에요.

힌트 1 '가지고 있는 생각이나 뜻이 서로 통함'을 말하며, 표나 몸짓, 그림 등으로 더 정확하게 전달할 수 있어요.
힌트 2 영어로는 '커뮤니케이션'이라고 해요.

① 의미심장
② 의사소통
③ 일맥상통

❷ 각 모둠은 실험을 마치고 온도 변화 결과를
 ☐☐☐ 로 나타내세요.

힌트 1 '수량이나 수치의 변화를 직선, 곡선, 점선, 막대 등으로 나타낸 그림'이에요.
힌트 2 막대 ○○○, 꺾은선 ○○○, 원 ○○○ 등 다양해요.

① 그레이
② 따옴표
③ 그래프

명사

인식 (알 認 + 알 識)
사물을 분명히 알고 이해하는 일.

→ 탐구할 때는 문제 **인식**의 과정이 필수예요.

명사

설정 (베풀 設 + 정할 定)
새로 만들어 정해 둠.

→ 가설 **설정** 단계에서는 이해하기 쉽게 표현해야 해요.

'인식'은 '뭔가를 판단하여 아는 것'을 말해요. 비슷한 말로는 '어떤 사실을 확실히 그렇다고 여겨서 앎'을 뜻하는 '인지'가 있어요. 탐구 활동에서 '문제 인식'은 자연 현상을 관찰한 다음, 탐구할 문제가 무엇인지 아는 거예요.

'설정'은 '어떤 문제나 목표 등을 새로 정함'을 뜻해요. 탐구 활동에서는 탐구할 문제를 정한 다음에 그 결과가 어떨지 가설을 세워요. 이 과정을 '가설 설정'이라고 해요. 세운 가설이 맞는지는 실험을 통해 알 수 있어요.

명사

변인 (변할 變 + 인할 因)
실험에 관계되는 요인이나 조건.

→ 이 실험에서 조작 **변인**은 바로 물의 양이에요.

'변인'은 본래 '성질이나 모습이 달라지는 원인'을 뜻해요. '어떤 일에 변화를 일으킬 수 있는 요인'을 뜻하는 '변수'와도 뜻이 통해요. 과학 실험에서는 '가설 확인을 위해 일부러 다르게 하는 조건'이 있는데, 이를 '조작 변인'이라고 해요.

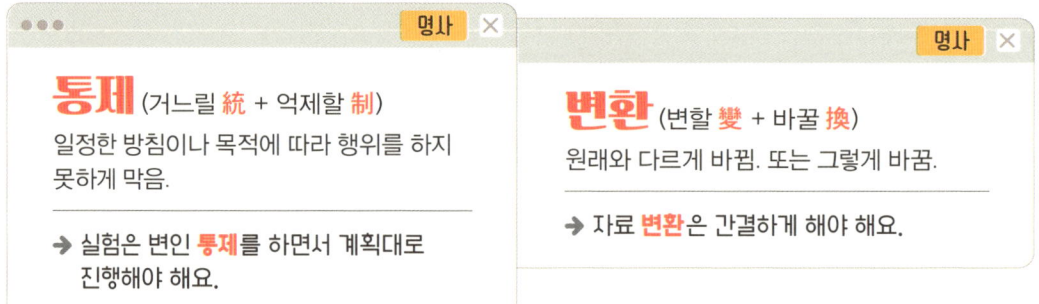

'통제'는 '어떤 행동을 하지 못하게 함'을 말해요. '조작 변인'과 달리, '통제 변인'은 일정하게 유지하는 변인이에요. 조작 변인 외의 다른 변인은 모두 같게 해야 실험 목적에 맞는 정확한 결과를 얻을 수 있어요.

'변환'은 한마디로 다르게 바꾸는 거예요. '자료 변환'은 실험에서 얻은 결과를 한눈에 비교하기 쉽게 정리하는 과정이에요. 그 의미와 결괏값을 더 잘 알 수 있도록 그림이나 그래프, 표 등으로 형식을 바꾸어요.

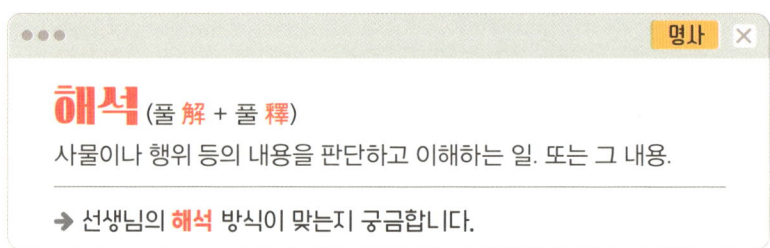

비슷한 말로는 '분석', '풀이'가 있어요. 과학 실험에서 '자료 해석'은 실험 결과를 통해 알 수 있는 점을 파악하고, 자료 사이의 관계, 규칙 등을 알아보는 거예요.

어맛! 말맛 살리는 **과탐 어휘 퀴즈**

※ 아래 빈칸에 어울리는 말을 고르세요.

❶ 실험 결과를 보고 가설이 맞는지 판단하고 결론을 내는 과정을 '결론 ☐☐'이라고 해요.

힌트 1 '어떤 일에 대한 생각, 결론, 판단 등을 이끌어 내는 것'을 말해요.
힌트 2 비슷한 말로는 '유추', '추론' 등이 있어요.

① 도찰
② 도출
③ 도치

❷ 실험에서 내린 결론을 바탕으로 법칙이나 이론을 세우는 탐구 활동을 ☐☐☐라고 해요.

힌트 1 '여러 가지 사실들에서 공통되고 일반적인 결론을 내리는 방식'을 뜻해요.
힌트 2 비슷한 말로는 '보편화'가 있어요.

① 일반화   ② 특수화   ③ 작업화

정답 ❶ ② ❷ ①

화상을 조심해

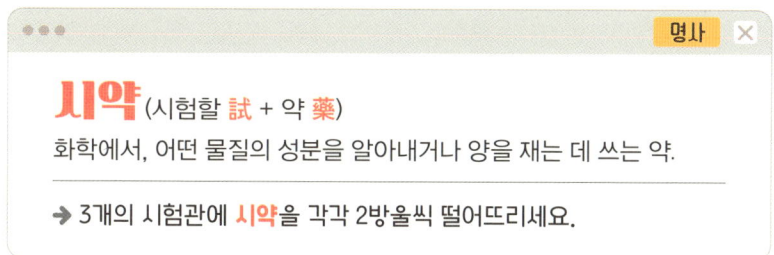

시약 (시험할 試 + 약 藥) — 명사
화학에서, 어떤 물질의 성분을 알아내거나 양을 재는 데 쓰는 약.
→ 3개의 시험관에 **시약**을 각각 2방울씩 떨어뜨리세요.

'시약'은 화학 실험에서 물질의 성분 등을 알아내는 데 쓰는 화학 약품으로, '시험약'이라고도 해요. 참고로 '지시약'은 '특정한 물질과 반응하여 변화를 일으켜 물질의 상태를 알 수 있게 해 주는 시약'이에요. 대표적으로 리트머스 종이가 있어요.

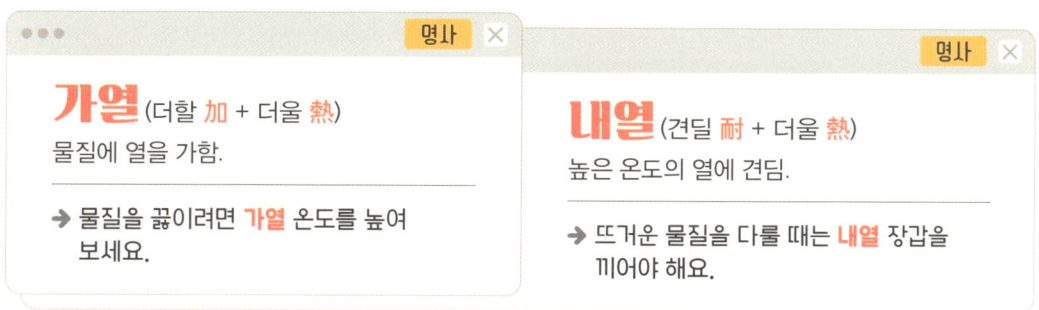

가열 (더할 加 + 더울 熱) — 명사
물질에 열을 가함.
→ 물질을 끓이려면 **가열** 온도를 높여 보세요.

내열 (견딜 耐 + 더울 熱) — 명사
높은 온도의 열에 견딤.
→ 뜨거운 물질을 다룰 때는 **내열** 장갑을 끼어야 해요.

'가열'은 말 그대로 어떤 물질에 뜨거운 열을 주어서 덥히는 거예요. 그러면 물질의 상태가 변하지요. 반대말은 '식혀서 차게 함'을 뜻하는 '냉각'이 있어요.

'내열'은 높은 열에 견디는 거예요. 실험할 때는 가열하는 경우가 많아서 플라스크나 시험관 등 내열 유리로 된 기구를 쓰고, 내열 장갑 등의 보호 장비를 갖추어야 해요.

이런 뜻이 있어요

화상 (불 火 + 상처 傷) *명사*
불이나 뜨거운 것, 화학 약품 등에 데어서 피부에 생긴 상처.

→ 촛불 실험에서는 촛농에 **화상**을 입지 않도록 주의하세요.

감전 (느낄 感 + 번개 電) *명사*
전기가 통하고 있는 물체가 몸에 닿아 충격을 받음.

→ 물기가 있는 손으로 전기 기구를 만지면 **감전**의 위험이 있어요.

실험하다가 화상을 입는 경우가 종종 있어요. 알코올램프의 불이나 촛불, 화학 약품 등을 잘못 다루다가 생기지요. 화상을 입었을 때는 얼른 찬 물에 덴 부위를 식혀 줘야 해요.

'감전'은 전류가 몸에 흘러서 충격을 받는 거예요. 한꺼번에 많은 전류가 흐르면 생명을 잃을 수도 있어요. 젖은 손으로 전기 기구를 만지는 일은 절대 하면 안 돼요.

유독성 (있을 有 + 독 毒 + 성품 性) *명사*
독이 있는 성질.

→ 실험실에서 **유독성** 물질은 특히 주의해서 다루어야 해요.

'유독성'은 말 그대로 독이 있다는 뜻으로, 실험실에는 유독성 물질이 많아요. 잘못 다루면 중독되거나 잠깐 감각을 잃는 '마취', 숨을 쉴 수 없는 '질식' 상태로 이어질 수 있으니, 주의해야 해요.

어맛! 말맛 살리는 과탐 어휘 퀴즈

※ 아래 빈칸에 어울리는 말을 고르세요.

❶ 시약의 냄새를 맡을 때는 손으로 ☐☐☐ 을 하면서 맡아요.

힌트 1 '부채나 손바닥 등을 흔들어 바람을 일으키는 일'이에요.
힌트 2 시약병 입구에 코를 직접 대고 냄새를 맡으면 위험해서 이렇게 하는 거예요.

① 장난질　　② 도둑질　　③ 부채질

❷ 실험할 때는 실험복과 보호 장갑, ☐☐☐ 등을 착용해요.

힌트 1 '눈을 보호하기 위해 쓰는 안경'으로 '보호안경'이라고도 해요.
힌트 2 안경을 쓴 경우에는 안경 위에 ○○○을 착용해요.

① 쌍안경
② 보안경
③ 만화경

정답 ❶ ③　❷ ②

가로 풀이

① 연구에서 어떤 내용을 설명하려고 임시로 세운 가정.
③ 가지고 있는 생각이나 뜻이 서로 통함. '서로 ○○○○이 잘되다.'
⑤ 여러 가지 사실들에서 공통되고 일반적인 결론을 내리는 방식. 보편화.
⑦ 덥지도 춥지도 않은 평상시의 온도.
⑨ 일정한 양을 기준으로 하여 같은 종류의 다른 양의 크기를 잼.
⑪ 높은 온도의 열에 견딤.
⑬ 어떤 일에 대한 생각, 결론, 판단 등을 이끌어 내는 것.
⑮ 몸의 기운을 높여 주고 건강하도록 도와주는 약.

세로 풀이

② 새로 만들어 정해 둠.
③ 믿지 못하고 두려워하는 마음.
④ 일정한 방침이나 목적에 따라 행위를 제한하거나 제약함.
⑥ 불이나 뜨거운 것, 화학 약품 등에 데어서 피부에 생긴 상처.
⑧ 기상대나 천문대 등과 같이 날씨나 천체 등을 자세히 살피고 짐작하기 위해 여러 가지 장비를 설치한 곳.
⑩ 물질에 열을 가함.
⑫ 온도를 재는 기구.
⑭ 화학에서, 어떤 물질의 성분을 알아내거나 양을 재는 데 쓰는 약.

27

순물질이 좋아

이런 뜻이 있어요

화학

순물질 [명사]
(순수할 純 + 만물 物 + 바탕 質)
다른 물질이 섞이지 않고 한 가지 순수한 물질로만 이루어진 물질.

→ 물, 소금, 철 등은 **순물질**이에요.

혼합물 [명사]
(섞을 混 + 합할 合 + 만물 物)
두 가지 이상의 순물질이 각각의 성질을 지니면서 뒤섞인 물질.

→ 알갱이가 작은 **혼합물**은 체를 이용해 거르면 돼요.

'순물질'은 다른 말로 '순수 물질'이라고 해요. 한 가지 물질이나, 물리적으로 더 나눌 수 없는 물질을 말해요. 한 가지 물질로 이루어진 것을 '홑원소 물질', 두 가지 이상으로 이루어진 것은 '화합물'이라고 불러요.

잡곡은 '혼합물'이에요. 팥과 콩, 좁쌀 등의 곡식이 섞여 있는데, 이들 물질은 각각의 성질을 잃지 않고 그대로 가지고 있어요. 혼합물은 물질의 성분 비율에 따라 끓는점, 녹는점 등이 달라져요.

분리 [명사]
(나눌 分 + 떠날 離)
혼합물에 섞여 있는 순물질을 각각의 특성을 이용해 서로 나누는 일.

→ 물질의 끓는점을 이용해 혼합물을 **분리**할 수 있어요.

'분리'는 본래 '서로 나뉘어 떨어짐. 또는 그렇게 되게 함'을 뜻해요. 화학에서는 여러 방법을 이용해서 혼합물에 섞여 있는 순물질을 나누는 걸 말해요.

> **명사**
>
> **균일** (고를 均 + 하나 一)
> 한결같이 고름. 또는 그 차이가 없음.
>
> → 혼합물은 **균일** 혼합물과 불균일 혼합물이 있어요.

> **명사**
>
> **화합물** (될 化 + 합할 合 + 만물 物)
> 두 종류 이상의 물질이 섞여 화학 작용을 통해 새롭게 만들어진 순물질.
>
> → 물은 수소와 산소의 **화합물**이에요.

'균일'은 고르고 일정하다는 뜻이에요. 따라서 '균일 혼합물'은 소금물처럼 소금과 물의 비율이 고르게 섞여 있는 걸 말해요. '불균일 혼합물'은 흙탕물처럼 물질이 섞인 비율이 다른 거예요.

'화합물'은 두 종류 이상의 물질이 합쳐져 새로운 물질이 되는 것으로, 반드시 화학 작용이 일어나야 해요. 각각의 물질은 합쳐지는 순간, 고유의 성질을 잃고 새로운 성질을 가지게 돼요.

'끓는점'은 '비등점'이라고도 하는데, 액체가 끓기 시작하는 온도예요. 반대로 '어는점'은 '물이 얼기 시작할 때, 또는 얼음이 녹기 시작할 때 온도'예요. 끓는점과 어는점은 물질의 고유한 특성이라서, 혼합물을 분리할 때 이용하기도 해요.

> **명사**
>
> **끓는점** (점찍을 點)
> 액체가 끓어 기체 상태로 되기 시작하는 온도.
>
> → 물의 **끓는점**은 섭씨 100℃이고, 어는점은 섭씨 0℃예요.

어맛! 말맛 살리는 **과탐 어휘 퀴즈**

❶ 염전에서 바닷물을 바람과 태양으로 ㅈ ㅂ 시켜서 소금을 얻어요.

- 힌트1 '물질이 액체에서 기체 상태로 변하는 것'이에요.
- 힌트2 사람이나 물건이 갑자기 사라져 행방을 찾지 못하게 될 때도 이 말을 써요.

땀이 증발해서 소금이 됐어.

흥, 인간 염전인가.

❷ 잉크의 색소를 분리할 때는 ㅋ ㄹ ㅁ ㅌ ㄱ ㄹ ㅍ 를 이용해요.

- 힌트1 혼합물을 이루는 물질이 녹이는 액체에 따라 이동하는 속도가 다른 것을 이용한 분리 방법이에요.
- 힌트2 약물 검사, 의약품 검사 등에 이용해요.

정답 ❶ 증발 ❷ 크로마토그래피

이런 뜻이 있어요

화학

명사

액체 (진 液 + 몸 體)

담기는 그릇에 따라 모양은 변하지만, 일정한 형태는 가지지 않는 물질의 상태.

→ **액체**는 자유롭게 모양을 바꿀 수 있는 유체예요.

명사

기체 (기운 氣 + 몸 體)

담기는 그릇에 따라 모양이 변하고 그릇을 항상 가득 채우는 물질의 상태.

→ 우리를 둘러싸고 있는 공기가 바로 **기체** 상태야.

'액체'는 물, 우유, 식용유 같은 걸 말해요. 힘을 가해도 부피가 변하지 않아요. 네모난 그릇에 담으면 네모난 모양, 길쭉한 병에 담으면 길쭉한 모양이 되는 것처럼 정해진 형태가 없어요.

'기체'는 산소, 질소, 이산화 탄소 등을 말해요. 부피가 일정한 액체와 달리 기체는 부피가 일정하지 않고, 그릇을 가득 채워요. 그리고 힘을 가하면 부피가 변한답니다.

명사

고체 (굳을 固 + 몸 體)

일정한 모양과 부피가 있으며, 쉽게 형태가 바뀌지 않는 물질의 상태.

→ 주변에서 **고체**로 된 물질을 많이 발견할 수 있어요.

'고체'는 나무, 철, 플라스틱처럼 자체적으로 형태를 가지고 있어요. 그래서 담는 그릇이 바뀌어도 모양과 크기가 바뀌지 않아요. 대부분 단단하고 손에 잡혀요.

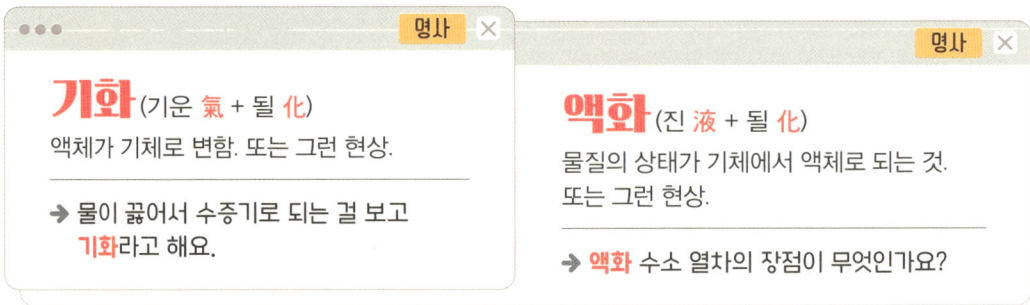

'기화'는 액체가 열을 흡수하면서 기체가 되는 과정이에요. 물이 끓어 수증기가 될 때를 생각해 보세요. 반대로 기체가 열을 밖으로 내보내고 액체가 될 때가 있는데, 이를 '액화'라고 해요. 새벽에 맺힌 이슬은 밤새 수증기가 열을 내놓고 물이 된 거예요.

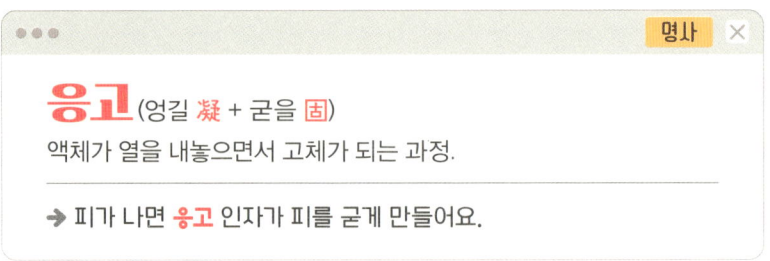

냉동실에 넣어 둔 물이 얼음으로 변하거나 촛농이 굳어지는 현상이 '응고'예요. 응고는 느슨하게 결합된 액체가 열을 내놓으면서 더 촘촘하고 딱딱하게 굳어지는 거예요. 물질이 굳을 때는 보통 부피가 줄어들지만, 예외적으로 물은 부피가 커져요.

어맛! 말맛 살리는 **과탐 어휘 퀴즈**

❶ 초콜릿이 녹아서 액체가 된 걸 보고
ㅇ ㅎ 라고 해요.

힌트1 이 말은 '녹아서 풀어짐'이란 뜻이 있어요.
힌트2 '고체가 가열되어 액체로 변하는 현상'으로, 얼음이 녹는 것도 이 때문이에요.

❷ 아이스크림을 포장할 때 넣어 두었던
드라이아이스가 ㅅ ㅎ 되어 사라졌어요.

힌트1 '고체에서 바로 기체로 변하는 현상'을 말해요.
힌트2 '기체에서 바로 고체가 되는 현상' 또한 이 말을 써요.

정답 ❶ 융해 ❷ 승화

방귀 입자의 확산

 이런 **뜻**이 있어요

화학

| 명사 |

입자 (낱알 粒 + 아들 子)
물질을 구성하는 아주 작은 크기의 물체.

→ 청소기가 먼지 **입자**를 싹 빨아들여요.

'입자'는 물질을 이루는, 눈에 보이지 않을 정도로 작은 물체예요. 또 '어떤 물질을 이루면서 그 물질의 성질을 지닌 아주 작은 크기의 물체'를 말하기도 해요. 다른 말로는 '알갱이'라고 하지요.

| 명사 |

원소 (으뜸 元 + 흴 素)
물질을 구성하고 있는 기본 성분.

→ 지금까지 발견된 **원소**는 118가지예요.

| 명사 |

원자 (근원 原 + 아들 子)
원소의 성질을 잃지 않으면서 물질을 이루는 가장 작은 입자.

→ **원자**는 하나의 핵과 이를 둘러싼 여러 개의 전자로 구성돼 있어요.

'원소'는 더 이상 다른 물질로 나뉘지 않는, 물질을 이루는 기본 요소예요. 산소처럼 하나의 원소로 이루어진 물질도 있고, 물처럼 수소와 산소, 두 가지 원소로 이루어진 물질도 있어요.

'원자'는 원소의 특성을 가진 가장 작은 알갱이예요. 중심부에 '중성자'와 '양성자'로 이루어진 '원자핵'이 있고, 바깥으로는 '전자'가 돌고 있어요. 원자는 양성자 수가 달라지면, 새로운 원소가 돼요.

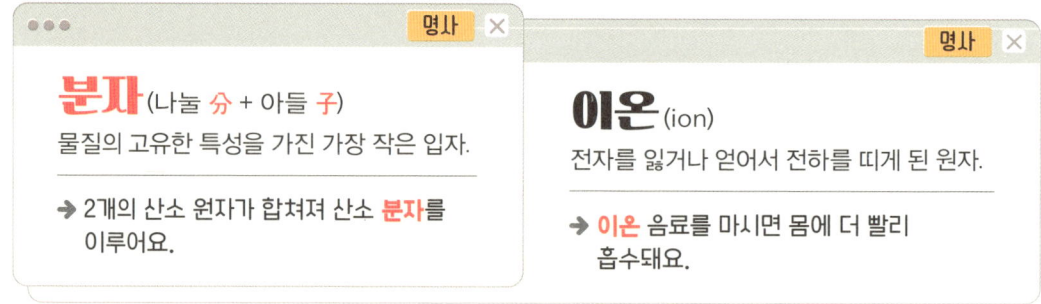

화학에서 '분자'는 물질의 화학적 성질을 잃지 않고 쪼갤 수 있는 가장 작은 알갱이를 말해요. 대부분 2개 이상의 원자가 화학적으로 합쳐져요. 물 분자는 수소 원자 2개와 산소 원자 1개가 합쳐져 물의 성질을 지니는 거예요.

원자는 보통 양성자와 중성자, 전자의 수가 같아요. 하지만 다 그렇지는 않아요. 전자를 잃거나 얻어서 만들어지는 입자를 '이온'이라고 해요. 전자를 잃으면 '양전하'를, 전자를 얻으면 '음전하'를 가진 이온이 되지요.

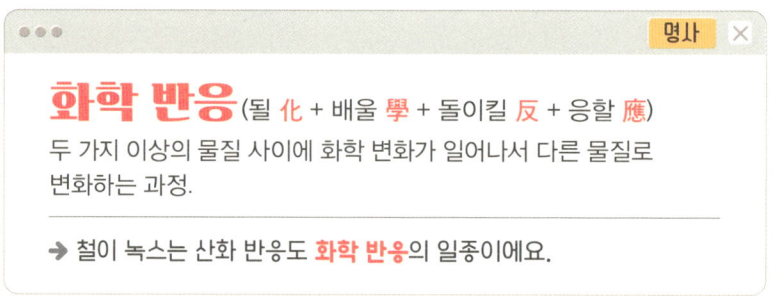

'화학적 반응'이라고도 해요. 2개 이상의 원자가 화학 반응을 일으켜 성질이 전혀 다른 새로운 화합물이 만들어지는 거예요. 철과 산소가 합쳐지면 철이나 산소와 전혀 다른 '산화철'이라는 새로운 분자가 만들어져요.

어맛! 말맛 살리는 **과탐 어휘 퀴즈**

❶ ㅈ ㄱ ㅇ ㅍ 는 원소를 화학적 특성에 따라 배열한 표예요.

- 힌트 1 러시아 과학자 드미트리 멘델레예프가 고안했어요.
- 힌트 2 가로줄을 '주기', 세로줄을 '족'이라고 하며, 비슷한 성질의 원소를 원자 번호에 따라 배열했어요.

❷ 방귀 냄새가 분자 운동을 통해 멀리까지 ㅎ ㅅ 했어요.

- 힌트 1 '분자들이 스스로 움직여 주위에 퍼져나가는 현상'이에요.
- 힌트 2 물속에 떨어뜨린 잉크가 휘젓지 않았는데 퍼져나가는 것도 이것에 해당해요.

불완전 연소 캠프

이런 뜻이 있어요

명사

온도 (따뜻할 溫 + 법도 度)
물체의 따뜻함과 차가움의 정도. 또는 그것을 나타내는 수치.

➡ 실내 **온도**가 너무 높은 것 같은데 어디서 조절하나요?

명사

발화점 (필 發 + 불 火 + 점찍을 點)
물질이 타기 시작하는 온도.

➡ 물질은 **발화점** 이상의 온도로 높여 주어야 타요.

'온도'는 어떤 물체나 물질이 어느 정도 따뜻하고 차가운지를 측정하여 나타낸 거예요. 온도계를 이용해 수치를 잴 수 있어요. 공기 중의 온도를 나타낸 것을 '기온'이라 하고, 물의 온도를 나타낸 것을 '수온'이라고 해요.

'발화점'은 스스로 불이 나기 시작하는 최저 온도예요. 아무리 잘 타는 물질이라 하더라도 어느 정도 이상의 온도가 있어야 불이 붙어요. 참고로 '인화점'은 '불씨가 있는 환경에서 불이 붙을 수 있는 최저 온도'예요.

명사

산소 (초 酸 + 흴 素)
원소의 하나. 공기 중에 21%를 차지하고 있는 기체.

➡ 생물이 숨을 쉬기 위해서는 **산소**가 꼭 필요해요.

'산소'는 색깔과 냄새가 없고 맛이 나지 않는 투명한 기체예요. 생명체가 호흡하고 에너지를 만드는 데 반드시 필요해요. 사람의 경우 산소 없이 8분이 지나면 목숨을 잃어요. 산소는 다른 원소들과 반응해 열과 빛을 내요. 공기 중에서는 산소 원자 2개가 합쳐진 형태로 있어요.

 이런 **뜻**이 있어요

명사

연소 (사를 燃 + 사를 燒)
물질이 산소와 합쳐져 많은 빛과 열을 내는 현상.

→ **연소**는 완전 **연소**와 불완전 **연소**로 나뉘어요.

명사

불완전 연소
(아닐 不 + 완전한 完 + 온전할 全 + 사를 燃 + 사를 燒)
산소가 충분하지 않은 상태에서 물질이 타는 현상.

→ 화재 현장에서 **불완전 연소**가 일어났어요.

'연소'는 물질이 타면서 빛과 열을 내는 거예요. '탈 물질'과 '산소', '발화점 이상의 온도'가 있어야 해요. 다 타고 난 뒤에는 대부분 '물'과 '이산화 탄소'가 생겨요.

탈 물질이 있고, 발화점 이상의 높은 열과 산소가 충분히 있으면 물질은 완전히 타는 '완전 연소'를 해요. '불완전 연소'는 이 중 산소의 공급이 원활하지 않아서 '그을음'과 '일산화 탄소'가 생기는 거예요.

명사

소화 (꺼질 消 + 불 火)
타는 물질을 끄는 것.

→ 불이 났을 때 물을 뿌리거나 소화기를 이용해 불을 끄는 게 **소화**예요.

연소의 조건을 반대로 하면 '소화'가 돼요. 즉, 탈 물질을 없애거나 열을 확 낮추는 것, 산소의 공급을 막는 것이지요. 소화기는 안에 든 이산화 탄소 같은 기체가 내뿜어지면서 공기 중의 산소를 막아서 불을 끄는 원리예요.

어맛! 말맛 살리는 **과탐 어휘 퀴즈**

① ㅇ ㅅ ㅎ ㅌ ㅅ 는 탄소가 든 물질이 연소하면 나오는 기체예요.

- 힌트1 무색, 무취, 투명하며 공기 중에 0.003%가량 있어요.
- 힌트2 수증기와 더불어 지구의 온실 효과를 일으키는 주범이에요.
- 힌트3 물에 잘 녹아서 탄산음료를 만들 때도 이용돼요.

② 화재 사고로 흰 벽에 ㄱ ㅇ ㅇ 이 덮여 까맣게 변했어요.

- 힌트1 '물질이 불에 탈 때 연기에 섞여 나오는 먼지 모양의 검은 가루'예요.
- 힌트2 보통 불완전 연소 때 발생해요.

이런 뜻이 있어요

명사

용해 (질펀히 흐를 溶 + 풀 解)
한 물질이 다른 물질에 녹는 현상.

→ 유성 잉크는 매니큐어를 지우는 아세톤과 만나면 **용해**돼요.

명사

용액 (질펀히 흐를 溶 + 진 液)
두 가지 이상의 물질이 고르게 섞여 있는 액체 상태의 혼합물.

→ 설탕물은 물에 설탕이 섞인 **용액**이에요.

'용해'는 물에 소금이 녹아서 소금물이 되는 것처럼, 어떤 물질에 다른 물질이 골고루 섞이는 거예요. 그런데 물에 소금이 무한정 녹지 않아요. 온도와 물의 양에 따라 녹을 수 있는 양이 정해져 있는데, 이 최대의 양을 '용해도'라고 해요.

'용액'은 두 가지 이상의 물질이 고르게 섞인 액체 상태예요. '녹이는 물질'인 '용매'에 '녹는 물질'인 '용질'이 섞이지요. 설탕물에서 물은 용매, 설탕 입자는 용질이에요. 용액은 대부분 무색으로 투명하지만, 색깔이 있는 것도 있어요.

명사

수용액
(물 水 + 질펀히 흐를 溶 + 진 液)
용매를 물로 하여 만들어진 용액.

→ 약국에서 파는 생리 식염수는 염화 나트륨 **수용액**이에요.

'수용액'은 어떤 물질이 '물'에 녹은 거예요. 물은 지구상에 가장 많이 존재하는 액체예요. 그래서 우리 주변에는 수용액 상태의 물질이 많아요. 식초, 설탕물, 주스 등이 모두 수용액이에요. 수용액은 성질에 따라 산성, 중성, 염기성으로 나누어요.

47

산 (초 酸) — 명사
물에 녹아 수소 이온을 만드는 물질.

→ 신맛을 내는 음식 대부분은 **산**성이에요.

염기 (소금 鹽 + 터 基) — 명사
물에 녹아 수산화 이온을 만드는 물질.

→ 비누는 **염기**의 성질을 띠는 대표 물질이에요.

'산'이 물에 녹으면 수소 이온(H^+)을 내놓아요. 그러면 그 물은 산의 성질을 띤 '산성'이 되고, 신맛이 나요. 푸른색 리트머스 종이를 붉게 변화시키지요. 레몬, 신김치, 식초, 귤 등이 산성 물질이에요.

'염기'는 물에 녹으면 수산화 이온(OH^-)을 내놓아요. 그러면 그 물은 염기의 성질을 띤 '염기성'이 되고, 미끈미끈하며 쓴맛을 내요. 붉은색 리트머스 종이를 푸르게 변화시켜요. 염기성 물질에는 세제, 샴푸 등이 있어요.

중화 반응 (가운데 中 + 화목할 和 + 돌이킬 反 + 응할 應) — 명사
수용액에서 산과 염기가 반응하여 염과 물이 생기는 일.

→ 생선에 레몬즙을 몇 방울 뿌리면 **중화 반응**으로 비린내가 줄어들어요.

산과 염기가 만나면 산의 수소 이온과 염기의 수산화 이온이 물을 만들고, 나머지는 염을 만들어요. 이를 '중화 반응'이라고 해요. 말벌의 독은 염기성인데, 여기에 산성인 식초를 발라 주면 상처가 가라앉아요. 또 산성인 신김치에 염기성인 달걀껍데기를 넣으면 신맛이 덜해져요.

어맛! 말맛 살리는 **과탐 어휘 퀴즈**

❶ ㅅ ㅅ ㅂ 를 맞은 조각상이 부식되었어요.

힌트1 '강한 산성을 띠는 비'를 가리키는 말이에요.
힌트2 공장의 매연이나 배기가스가 녹아서 내리는 비예요.

❷ 얇고 부드러운 스카프는 ㅈ ㅅ 세제로 손빨래를 해요.

힌트1 '물에 녹아 수소 이온과 수산화 이온의 농도가 같아지는 상태'예요.
힌트2 산성과 염기성의 성질이 나타나지 않는 수용액이에요.

정답 ❶ 산성비 ❷ 중성

가로 풀이

① 물질의 상태가 기체에서 액체로 되는 것. 또는 그런 현상.
② 담기는 그릇에 따라 모양이 변하고 그릇을 항상 가득 채우는 물질의 상태.
③ 물질을 구성하고 있는 기본 성분.
④ 물질의 고유한 특성을 가진 가장 작은 입자.
⑥ 물에 녹아 수산화 이온을 만드는 물질.
⑦ 한 물질이 다른 물질에 녹는 현상.
⑨ 공장이나 자동차에서 나오는 가스 등의 오염 물질이 섞여 내리는 산성이 강한 비.
⑪ 순수하지 않거나 정상적이 아닌 다른 물질.
⑬ 타는 물질을 끄는 것.

세로 풀이

① 담기는 그릇에 따라 모양은 변하지만, 일정한 형태는 가지지 않는 물질의 상태.
② 액체가 기체로 변함. 또는 그런 현상.
③ 원소의 성질을 잃지 않으면서 물질을 이루는 가장 작은 입자.
④ 혼합물에 섞여 있는 순물질을 각각의 특성을 이용해 서로 나누는 일.
⑤ 가로줄을 '주기', 세로줄을 '족'이라고 하여, 비슷한 성질의 원소를 원자 번호에 따라 배열한 표.
⑦ 두 가지 이상의 물질이 고르게 섞여 있는 액체.
⑧ 분자들이 스스로 움직여 주위에 퍼져나가는 현상.
⑩ 두 종류 이상의 원소가 만나 화학 작용을 통해 새롭게 만들어진 물질.
⑫ 공기의 약 78%를 이루는, 색깔이나 냄새, 맛이 없는 원소.

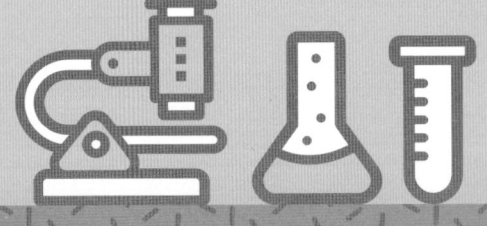

두루의 무게와 질량

이런 뜻이 있어요

명사

질량 (바탕 質 + 헤아릴 量)
물체가 가지고 있는 고유의 양.

→ **질량**은 지구에서나 달에서나 그 값이 같아요.

명사

무게
지구가 물체에 작용하는 힘의 크기로, 물체의 무겁고 가벼운 정도.

→ 지구보다 중력이 약한 달에 가면 **무게**가 6분의 1로 가벼워져요.

'질량'은 장소나 환경에 상관없이 그 물체가 지닌 고유한 양이에요. 전 세계가 약속한 값을 기준으로 삼아 재는데, 국제 도량형국에 있는 '국제 킬로그램 원기'가 1kg의 표준이에요. 단위는 kg(킬로그램), g(그램)으로 써요.

'무게'는 물체의 무거운 정도를 가리키는 말로, 지구가 당기는 힘, 즉 중력의 크기와 같아요. 같은 물체라도 중력이 작은 달에서는 가볍고, 중력이 큰 목성에서는 무거워져요. 단위는 N(뉴턴), kgf(킬로그램힘, 킬로그램중)으로 나타내요.

명사

중력 (무거울 重 + 힘 力)
지구 중심이 지구 위의 물체를 끌어당기는 힘.

→ 지구가 끌어당기는 **중력** 때문에 우리가 땅 위에 서 있을 수 있어요.

'중력'은 지구 위의 물체가 지구로부터 받는 힘이에요. 항상 지구 중심으로 향해서 모든 물체가 아래로 떨어지는 것이랍니다! 만약 중력이 없으면 세상 모든 물체가 공중에 둥둥 뜨게 될 거예요.

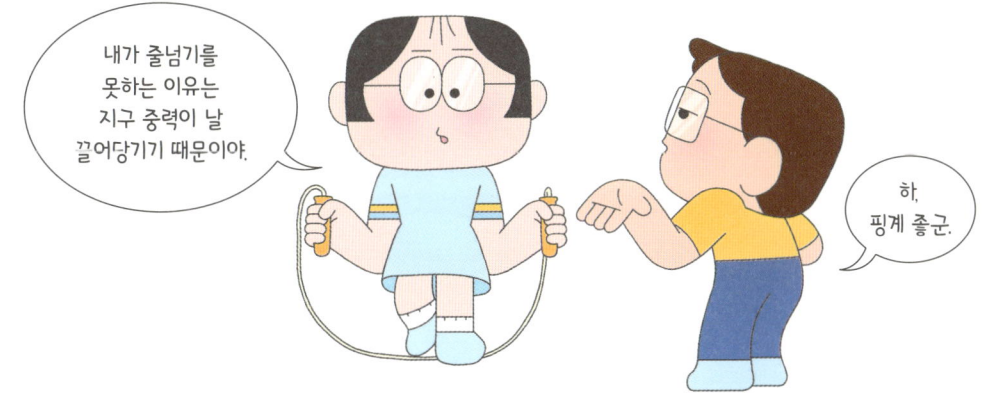

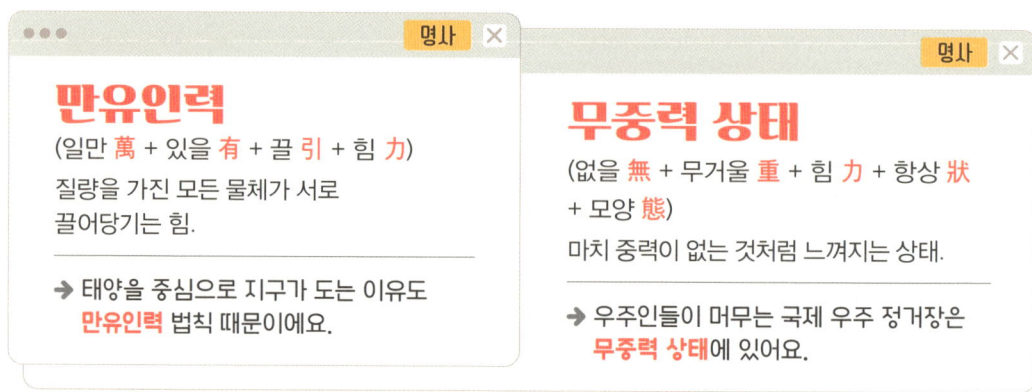

만유인력
(일만 萬 + 있을 有 + 끌 引 + 힘 力)
질량을 가진 모든 물체가 서로 끌어당기는 힘.

➡ 태양을 중심으로 지구가 도는 이유도 **만유인력** 법칙 때문이에요.

무중력 상태
(없을 無 + 무거울 重 + 힘 力 + 항상 狀 + 모양 態)
마치 중력이 없는 것처럼 느껴지는 상태.

➡ 우주인들이 머무는 국제 우주 정거장은 **무중력 상태**에 있어요.

모든 물체는 사실 서로 끌어당기는 힘, '만유인력'이 있어요. 책과 책상, 사람과 사람 사이에도 있지요. 하지만 생활 속에서는 힘의 크기가 작아서 영향이 거의 없어요. 지구의 만유인력이 바로 중력이에요.

'무중력 상태'는 중력이 없는 게 아니라 중력이 없는 것처럼 보이는 상태로, '무중량 상태'라고도 해요. 국제 우주 정거장의 우주 비행사들은 지구가 도는 속도와 같이 돌고 있어서, 그 안이 무중력 상태처럼 느껴져요.

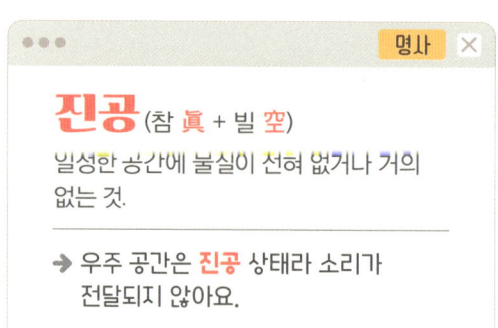

진공 (참 眞 + 빌 空)
일정한 공간에 물질이 전혀 없거나 거의 없는 것.

➡ 우주 공간은 **진공** 상태라 소리가 전달되지 않아요.

'진공'은 공기 등의 물질이 전혀 없거나 텅 비어 있는 상태로, 흔히 우주 공간을 '진공 상태'라고 해요. 진공 보온병의 경우, 벽을 이중으로 만들어서 벽과 벽 사이의 공기를 빼내요. 그러면 병 안으로 열이 들어가거나 나가지 않아서 병 속 액체의 온도가 일정하게 유지돼요.

어맛! 말맛 살리는 **과탐 어휘 퀴즈**

※ 아래 빈칸에 어울리는 말을 고르세요.

❶ 물체의 무게를 잴 때는 ☐☐을 이용해요.

힌트 1 용수철의 성질을 이용해 무게를 재는 이것을 '용수철○○'이라고 해요.
힌트 2 몸무게를 재는 데 쓰는 이것은 '체중계'라고 해요.

① 저울　　　② 마음　　　③ 양팔

❷ 물체의 균형을 잡으려면 ☐☐☐☐을 찾아야 해요.

힌트 1 '물체를 받쳤을 때 무게가 어느 쪽으로도 치우치지 않는 수평을 이루는 점'을 말해요.
힌트 2 다른 말로는 '중력 중심'이라고 해요.

① 질량 중심
② 무게 중심
③ 음악 중심

광속의 꼬북이

명사

속력 (빠를 速 + 힘 力)
물체가 일정한 시간 동안 이동한 거리.

→ 1시간 동안 120km를 이동하는 치타의 **속력**은 120km/h예요.

명사

속도 (빠를 速 + 법도 度)
일정한 시간 동안 물체가 움직인 위치 변화.

→ 독수리가 남쪽을 향해 빠른 **속도**로 날아가요.

'속력'은 일정한 시간 동안 이동한 거리의 크기를 빠르기로 나타낸 거예요. 1초, 1분, 1시간 동안 간 평균 거리를 초속, 분속, 시속으로 하고, 단위는 m/s, m/min, km/h 등으로 표시해요.

'속도'는 속력과 운동하는 방향을 함께 나타내는 양이에요. 속력은 빠르기만 나타내는 것이고, 속도는 물체가 어느 방향으로 얼마만큼 빨리 움직이는지를 나타내지요.

명사

가속도 (더할 加 + 빠를 速 + 법도 度)
일정한 시간 동안 속도가 변하는 정도.

→ 눈썰매를 타는데 **가속도**가 붙어서 아찔했어요.

'가속도'는 시간이 갈수록 속도가 점점 빨라지거나 느려지는 정도예요. 물체에 어떤 힘이 계속 작용하거나 작용하지 않아야 빠르기가 변해요. 힘이 가해져 시간이 지남에 따라 점점 속도가 빨라지는 운동을 가리켜 '가속 운동'이라고 해요.

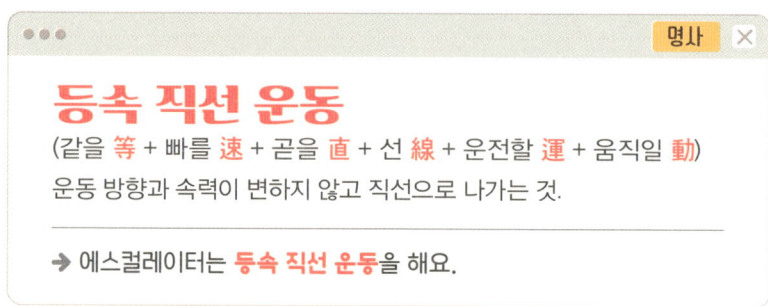

'등속 직선 운동'은 '등속 운동'이라고도 해요. 어떤 물체가 방향이 바뀌지 않고 일정한 속력으로 움직이는 거예요. 운동하는 물체는 힘을 받지 않으면 등속 운동을 해요.

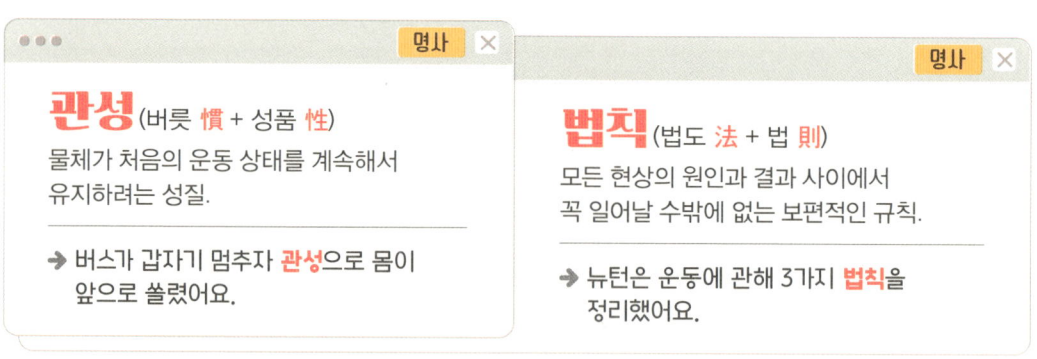

'관성'은 멈춰 있는 물체는 계속 멈춰 있으려 하고, 움직이는 물체는 계속 움직이려고 하는 성질이에요. 물체의 질량이 커지면 같이 커져요. 달리는 기차를 세우는 게 자전거보다 어렵지요.

'법칙'은 '어떤 현상을 설명하기 위한 보편적인 원리'예요. 자연에서 관찰된 현상 중에서 그렇게 나올 수밖에 없는 절대적인 원칙을 말해요. 과학에서는 '자연법칙' 또는 '물리 법칙'이라고 해요.

어맛! 말맛 살리는 **과탐 어휘 퀴즈**

※ 아래 빈칸에 어울리는 말을 고르세요.

❶ 내가 벽을 미는 힘이 '작용'이면, 벽이 나를 미는 힘은 '☐☐☐'이에요.

힌트1 '모든 힘은 쌍으로 존재한다는 법칙'이에요.
힌트2 '물체에 힘이 가해지면 반대 방향으로 그 힘과 같은 힘이 작용하는 법칙'이에요.

① 부작용
② 반작용
③ 열작용

❷ 블랙홀에서는 ☐☐보다 빠른 속도로 운동하는 물체조차 빠져나올 수 없대요.

힌트1 '빛이 나아가는 빠르기'를 말해요.
힌트2 진공에서 빛의 속도는 매초 약 30만km로, 지구를 1초에 7바퀴 반 돌아요.

① 광년　　　② 시속　　　③ 광속

탄성력이 없다고?

명사

힘

물체의 모양, 운동 상태 등을 변하게 하는 원인.

→ 손에 **힘**을 주어서 뚜껑을 열었어요.

땅바닥에 힘을 주어 내디디면 바닥도 작용 반작용의 법칙으로 같은 힘을 가해서 달릴 수 있어요. 이처럼 '물체를 밀고 당길 때 물체 사이에 서로 작용하는 것'이 '힘'이에요. 힘에 따라 물체의 모양, 운동 방향, 빠르기 등이 변해요.

명사

탄성력 (탄알 彈 + 성품 性 + 힘 力)

힘을 받아 모양이 바뀐 물체가 원래 모양으로 되돌아가려는 힘.

→ 트램펄린은 **탄성력**이 아주 뛰어나요.

명사

전기력 (번개 電 + 기운 氣 + 힘 力)

전기를 띤 두 물체 사이에 작용하는 힘.

→ 복사기는 **전기력**을 이용해 까만 잉크를 종이에 달라붙게 해요.

'탄성'은 '외부의 힘으로 변형되었다가 원래대로 돌아오려는 성질'이에요. 이때 필요한 힘이 바로 '탄성력'이에요. 용수철이나 고무줄은 탄성력이 아주 좋아요. 하지만 힘을 지나치게 주면 탄성력이 떨어져서 원래 모양으로 안 돌아가요.

전기에는 양(+)전기와 음(−)전기가 있어요. 서로 다른 전기를 띤 물체 사이에는 끄는 힘이, 같은 종류의 전기를 띤 물체 사이에서는 미는 힘이 작용해요. 공기 청정기는 전기력을 통해 작은 먼지를 필터에 붙이는 원리로 공기를 정화해 줘요.

자기력 (자석 磁 + 기운 氣 + 힘 力)
자석과 자석끼리, 자석과 철로 된 물체 사이에서 서로 작용하는 힘.

→ **자기력** 때문에 못이 자석에 철썩 붙었어요.

마찰력 (갈 摩 + 비빌 擦 + 힘 力)
두 물체의 접촉면 사이에서 물체의 운동을 방해하는 힘.

→ 양말에 붙어 있는 실리콘 덕분에 **마찰력**이 생겨서 덜 미끄러졌어요.

'자기력'은 자석에서 나오는 힘이에요. 자석은 N극과 S극이 있는데, 서로 다른 극끼리는 끌어당기고, 같은 극끼리 밀어내요. 자기력은 두 물체가 떨어져 있어도 작용하는데, 물체 사이의 거리가 가까울수록 크게 작용해요.

'마찰'은 '두 물체가 서로 비벼짐'이란 뜻이에요. '마찰력'은 두 물체가 서로 닿는 면 사이에서 미끄러지는 걸 방해하는 거예요. 하늘에서 떨어지는 빗방울도 이 마찰력 때문에 떨어지는 속도가 느려져서 우리가 맞아도 안전한 거랍니다.

부력 (뜰 浮 + 힘 力)
물이나 공기 중에 있는 물체를 위로 떠오르게 하는 힘.

→ 아르키메데스는 **부력**을 이용해 가짜 왕관의 진실을 알아냈어요.

'부력'은 물체가 액체나 기체 속에 있을 때 중력의 반대 방향으로 액체 또는 기체가 밀어 올리는 힘이에요. 물체의 부피가 클수록, 무게가 가벼울수록 부력이 커져요. 수영장에서 몸이 뜨는 것, 커다란 배가 바다에 뜰 수 있는 것도 부력 때문이에요.

어맛! 말맛 살리는 **과탐 어휘 퀴즈**

※ 아래 빈칸에 어울리는 말을 고르세요.

❶ 철사로 된 ☐☐☐ 은 늘어나게나 줄어들었다가 원래대로 돌아오는 탄성이 있어요.

힌트 1 '용의 수염을 닮은 쇠'란 뜻으로 이 이름이 붙었어요.
힌트 2 ○○○저울, 볼펜, 스카이콩콩 등에도 이것이 들어 있어요.

① 고무줄　　　② 김수철　　　③ 용수철

❷ 건조한 겨울철에 옷을 벗을 때 찌지직 하는 것은 ☐☐☐ 때문이에요.

힌트 1 서로 다른 두 물체를 문질렀을 때 생기는 전기로, '마찰 전기'라고도 해요.
힌트 2 본래 '흐르지 않고 가만히 그 자리에 멈춰 있는 전기'란 뜻으로 이름이 붙여졌어요.

① 정전기
② 차단기
③ 백악기

정답 ❶ ③ ❷ ①

자기장과 보물 상자

명사
자석 (자석 磁 + 돌 石)
쇠를 끌어당기는 자기를 띤 물질.
→ **자석**을 이용해 바닥에 떨어진 바늘을 찾았어요.

명사
극 (지극할 極)
자석에서 자력이 가장 센 양쪽의 끝.
→ 자석의 **극**은 2개예요.

'자석'은 금속으로 된 물질 중에서 철을 끌어 당겨요. 바늘, 클립, 못 등은 자석에 철썩 달라붙지요. 반면 금, 은, 알루미늄 등은 붙지 않아요. 천연 자석으로는 철의 원료가 되는 '자철석'이 있고, 인공적으로 만들기도 해요.

'극'은 본래 '맨 끝'이란 뜻으로, 자석의 경우 양쪽 끝부분을 말해요. 이 두 부분이 자석의 힘 즉, 자력이 가장 세요. 보통 N극과 S극으로 구분해요. 학교에서 실험할 때는 주로 막대 모양의 길쭉한 '막대자석'을 써요.

명사
자기장 (자석 磁 + 기운 氣 + 마당 場)
자석 주위에 자기력이 작용하는 공간.
→ 자석 주위에 철 가루를 뿌리면 **자기장**이 생기는 걸 볼 수 있어요.

'자기장'은 자석의 힘이 미치는 범위예요. 우리 눈에 보이지 않지만, 철 가루나 나침반이 움직이는 걸 보고 그 존재를 확인할 수 있어요. 자기장은 또 전류가 흐르는 전선 주변에도 생겨요.

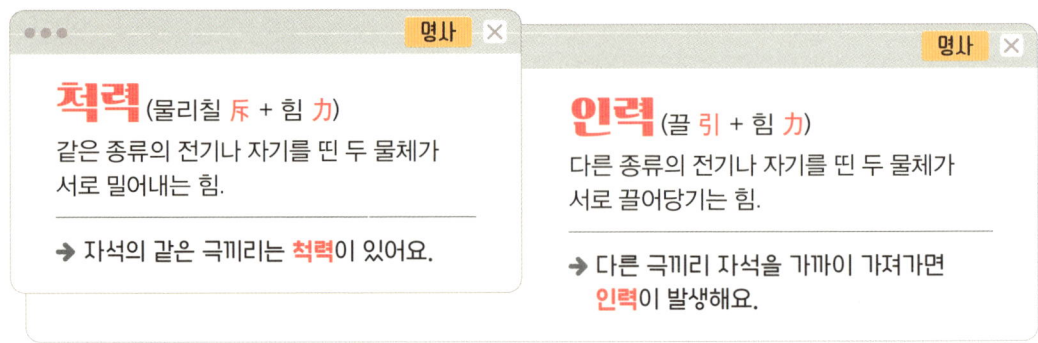

'척력'은 N극과 N극, S극과 S극처럼 서로 같은 극이 미는 힘이에요. 전기의 양(+)전하와 양(+)전하, 음(-)전하와 음(-)전하 사이에서도 척력이 작용해요.

'인력'은 서로 당기는 힘이에요. 양전하를 띤 물체와 음전하를 띤 물체 사이에서 생겨요. 자석에서도 S극과 N극이 만나면 착 달라붙지요. 지구와 물체 사이에서도 인력이 존재한답니다.

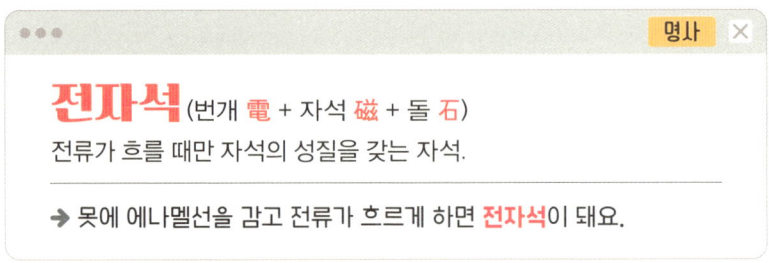

'전자석'은 원통 모양의 철심에 코일을 감아서 만든 인공 자석이에요. 전류가 흐르면 자석이 되지만, 흐르지 않으면 자석의 성질이 없어져요. 전류가 많이 흐를수록, 코일을 감은 횟수가 많을수록 강한 전자석이 돼요. 이 성질을 이용해서 전동기, 자기 부상 열차 등을 만들 수 있어요.

어맛! 말맛 살리는 **과탐 어휘 퀴즈**

※ 아래 빈칸에 어울리는 말을 고르세요.

❶ 자석으로 이루어진 □□□ 의
   붉은 바늘은 항상 북쪽을 가리키고 있어요.

   힌트1 '자석으로 된 바늘이 있어 방향을 알려 주는 도구'예요.
   힌트2 지구의 북극이 S극, 남극이 N극을 띠고 있어서 이 바늘의 N극(붉은색)이 북쪽을, S극이 남쪽을 향하는 거예요.

   ① 반의반   ② 수사반   ③ 나침반

❷ 물체가 □□ 가 되면 자석처럼
   N극과 S극이 생겨요.

   힌트1 '자석이 아닌 물체에 자석의 성질을 갖게 하는 것'을 말해요.
   힌트2 자석에 못을 문지르면, 못에도 클립이 달라붙어요.

   ① 자세
   ② 자화
   ③ 자기

정답 ❶ ③ ❷ ②

69

가로풀이

② 서로 다른 두 물체를 문질렀을 때 생기는 전기. 마찰 전기라고도 함.
④ 마치 중력이 없는 것처럼 느껴지는 상태.
⑦ 물이나 공기 중에 있는 물체를 위로 떠오르게 하는 힘.
⑧ 물체가 가지고 있는 고유의 양.
⑩ 일정한 시간 동안 물체가 움직인 위치 변화.
⑪ 바다에 이는 물결.
⑫ 사물의 모습을 오래 보존할 수 있도록 사진기로 찍어 종이나 컴퓨터 등에 나타낸 영상.
⑭ 힘을 받아 모양이 바뀐 물체가 원래 모양으로 되돌아가려는 힘.

세로풀이

① 빛이 없을 때의 밤하늘과 같이 매우 어둡고 짙은 색.
③ 전기를 띤 두 물체 사이에 작용하는 힘.
④ 물건이 무거운 정도.
⑤ 물체가 일정한 시간 동안 이동한 거리.
⑥ 다른 종류의 전기나 자기를 띤 두 물체가 서로 끌어당기는 힘.
⑦ 부채나 넓은 종이 등을 흔들어 바람을 일으키는 일.
⑨ 일정한 시간 동안 속도가 변하는 정도.
⑬ 일정한 공간에 물질이 전혀 없거나 거의 없는 것.
⑮ 물체가 처음의 운동 상태를 계속해서 유지하려는 성질.

동구 목소리의 맵시

명사

소리
물체의 떨림이 주위 공기에 전달되어 우리 귀청을 울려 들리는 것.

→ 할머니가 귀에 낀 보청기는 **소리**를 잘 들을 수 있게 해 줘요.

명사

진동 (떨친 振 + 움직일 動)
물체가 떨리며 움직이는 것.

→ 공공장소에서는 휴대 전화를 **진동** 모드로 바꾸어 주세요.

'소리'는 우리 귀로 들리는 물체의 떨림이에요. 물체가 떨리면 공기를 타고 전해져 귓속의 고막을 울리고, 이 울림이 대뇌로 전달돼 소리를 듣게 되지요. 소리는 공기와 물 등의 매질을 통해 전달되는데, 빠르기는 고체, 액체, 기체의 순서로 빨라요.

'진동'은 흔들리며 움직이는 거예요. 휴대 전화를 진동 모드로 하면 전화가 올 때 부르르 떨려요. 땅에 진동이 오면 지진이 일어나서 흔들리고요. 소리는 이 진동으로 인해 공기 중의 입자가 떨리면서 전해져요.

명사

소리의 세기
소리의 크고 작은 정도.

→ 스피커 볼륨을 높이는 건 **소리의 세기**와 관계있어요.

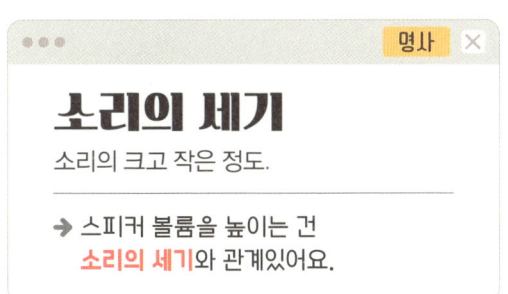

'소리의 세기'는 다른 말로 '소리의 크기'라고 해요. 기타 줄을 세게 튕기면 소리가 크게 나고, 약하게 튕기면 작게 나요. 큰 소리는 물체가 더 크게 진동하고, 작은 소리는 물체가 더 작게 진동하는 거랍니다.

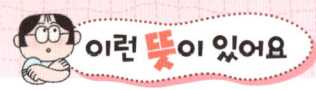

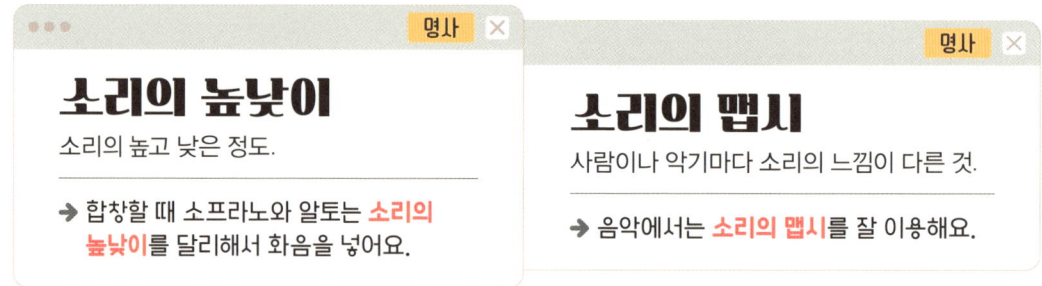

'소리의 높낮이'는 소리를 내는 물체의 진동수와 관계있어요. 같은 시간 동안 진동 횟수가 많으면 높은 소리가, 적으면 낮은 소리가 나요. 기타 줄을 팽팽하게 조이면 진동수가 많아져 높은 소리가 나고, 느슨하게 하면 진동수가 적어지면서 낮은 소리가 나요.

'맵시'는 '아름답고 보기 좋은 모양새'예요. '소리의 맵시'는 '음색'이라고 할 수 있어요. 소리가 가지고 있는 고유한 특색이지요. 같은 음을 연주하더라도 피아노로 연주하는 '도'와 기타로 연주하는 '도'가 다르게 들려요. 우리의 목소리가 저마다 다른 것도 소리의 맵시와 관계있어요.

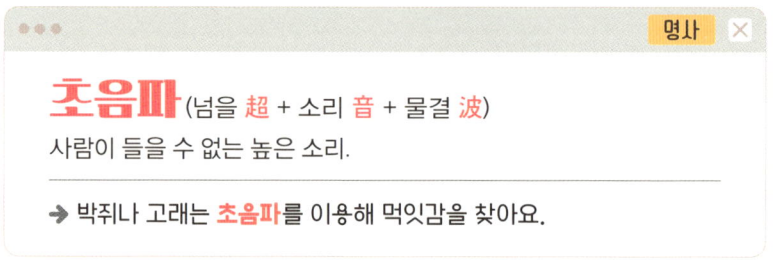

사람은 보통 1초에 20번~2만 번 진동하는 소리까지 들을 수 있어요. '초음파'는 사람이 들을 수 없는 아주 높은 영역의 소리예요. 1초에 적어도 2만 번 이상 진동해요. 눈이 잘 안 보이는 박쥐는 2만 번 이상의 초음파를 보내 장애물에 부딪쳐서 돌아오는 소리를 듣고 거리와 방향을 알아낸다고 해요.

어맛! 말맛 살리는 **과탐 어휘 퀴즈**

※ 아래 빈칸에 어울리는 말을 고르세요.

❶ 생활 속에서 소리의 세기가 50 ☐☐☐ 이 넘으면 '소음'이라고 해요.

- 힌트 1 '소리의 세기를 나타내는 단위'로, dB라고 표시해요.
- 힌트 2 전화를 발명한 과학자 알렉산더 벨의 이름을 따서 만든 단위예요.
- 힌트 3 70dB을 넘어가면 청력에 손상을 가져온다고 해요.

① 데시벨   ② 징글벨   ③ 프뢰벨

❷ 아주 조용한 곳보다 ☐☐ ☐☐ 이 있는 카페가 집중이 더 잘돼요.

- 힌트 1 비교적 넓은 음폭을 가지고 있어 우리에게 안정감을 주는 소음이에요.
- 힌트 2 빗소리, 시냇물 소리, 잡담 소리 등이 해당하며, '백색음'이라고도 해요.

① 적색 소음
② 백색 소음
③ 녹색 소음

(말풍선) 난 카페에 오면 숙제가 잘되더라. 백색 소음 때문인가.

(말풍선) 그냥 핫초코 마시고 싶은 것 같은데.

전기와 두꺼비집

> **명사**
>
> ### 전기 (번개 電 + 기운 氣)
> 물질 안에 있는 전자의 움직임으로 인해 생기는 에너지.
>
> → 번개는 공기 중에서 일어나는 **전기** 현상이에요.

> **명사**
>
> ### 전류 (번개 電 + 흐를 流)
> 전기를 띤 입자가 흐르는 현상.
>
> → **전류**가 흘러야 전기 제품이 작동해요.

물질의 알갱이는 양전하를 가진 원자핵과 그 주변으로 음전하를 가지고 돌고 있는 전자로 되어 있어요. 다른 물질과 부딪치면 전자가 움직이면서 에너지를 내는데, 이게 '전기'예요.

'전류'는 전기를 띤 전자가 이동하는 거예요. 과학자들이 전류가 전지의 양극(+극)에서 음극(-극)으로 흐른다고 정했지만, 실제로 전자는 반대 방향으로 흘러요. 전류의 단위는 A(암페어)예요.

> **명사**
>
> ### 전압 (번개 電 + 누를 壓)
> 전류를 흐르게 하는 능력.
>
> → 우리나라 가정용 전기 제품의 **전압**은 220V예요.

'전압'의 단위는 V(볼트)예요. 전류를 흐르게 하는 능력이므로 전압이 클수록 전류의 세기도 커져요. 물론 전류를 방해하는 힘도 있어요. 이를 '저항'이라고 하는데, 전선의 길이가 길고 굵기가 가늘수록 저항의 힘이 커져서 전류가 잘 흐르지 못해요.

 이런 뜻이 있어요

전기 회로 [명사]
(번개 電 + 기운 氣 + 돌아올 回 + 길 路)
전기가 흐르도록 부품을 연결하여 만든 기구.

→ **전기 회로**도는 **전기 회로**의 부품을 간단한 기호로 나타낸 그림이에요.

직렬연결 [명사]
(곧을 直 + 벌일 列 + 잇닿을 連 + 맺을 結)
전기 회로에서 전류가 흐르는 길을 하나로 연결한 것.

→ 전지 3개를 **직렬연결**하니, 2개를 연결했을 때보다 전구가 밝았어요.

'전기 회로'는 전기가 다니는 길이에요. 전기를 일으키는 전지와 전기를 받는 전구, 이 둘을 잇는 전선, 전기를 켜고 끌 수 있는 스위치 등의 부품을 연결하여 전류가 흐르도록 만들어요. 스위치를 열어 전류가 흐르지 않으면 '열린회로', 스위치를 닫아 전류가 흐르면 '닫힌회로'가 돼요.

'직렬연결'은 2개 이상의 전지를 나란히, 서로 다른 극끼리 연결하는 거예요. 직렬로 더 많이 연결할수록 전구도 밝아져요. 반대로 전지 여러 개를 서로 같은 극끼리 연결하는 '병렬연결'도 있어요. 병렬연결은 전구의 밝기는 그대로지만, 전지를 더 오래 쓸 수 있어요.

도체 [명사]
(이끌 導 + 몸 體)
전기가 잘 통하는 물질.

→ 구리, 철은 전기가 잘 통하는 **도체**이고, 종이는 **부도체**예요.

'도체'는 전기나 열이 잘 통하는 물질이고, '부도체'는 전기나 열이 잘 전달되지 않는 물질이에요. 금속 물질 대부분이 도체이고, 고무나 유리, 나무 등이 부도체예요. 전기가 흐르는 전선은 구리 같은 도체로 만들고, 겉은 고무를 씌워서 전기가 밖으로 흐르지 못하게 해요.

어맛! 말맛 살리는 **과탐 어휘 퀴즈**

※ 아래 빈칸에 어울리는 말을 고르세요.

❶ 스마트폰에는 정보를 저장하는 장치의 물질로 ☐☐☐ 를 써요.

- 힌트1: '때에 따라 도체가 되기도 부도체가 되기도 하는 물질'을 말해요.
- 힌트2: 다른 물질이 섞이거나 빛과 열의 자극을 받으면 도체로 변해요.
- 힌트3: 컴퓨터, 자동차, 비행기, 스마트폰 등에 두루 쓰이고 있어요.

① 완전체　　② 반도체　　③ 부도체

❷ ☐☐☐ 은 벼락을 땅속으로 흘려보내 사람의 감전을 막아 줘요.

- 힌트1: '구름과 땅 사이에 전류가 흐르는 벼락을 막기 위해 건물 높은 곳에 세우는 금속 막대기'예요.
- 힌트2: 벤저민 프랭클린이 발명했어요.

① 가래침
② 밑받침
③ 피뢰침

정답 ❶ ② ❷ ③

79

달빛의 반사

 이런 뜻이 있어요

가시광선 (옳을 可 + 볼 視 + 빛 光 + 선 線) [명사]

사람의 눈으로 볼 수 있는 빛.

→ 우리는 **가시광선**을 통해 사물과 색을 봐요.

'빛'은 우리 눈을 자극하여 물체를 볼 수 있도록 하는 것으로, 태양이나 고온의 물질에서 나와요. 그 중 '가시광선'은 우리 눈에 보이는 빛이고, 눈으로 볼 수 없는 라디오파, 적외선, 자외선, 엑스선, 감마선 등도 빛에 해당해요.

빛의 직진 (곧을 直 + 나아갈 進) [명사]

빛이 곧게 나아가는 현상.

→ **빛의 직진**처럼 우리도 앞으로 **직진**해 나가면 됩니다.

빛의 반사 (돌이킬 反 + 쏠 射) [명사]

빛이 물체에 부딪쳐서 나아가던 방향을 바꾸는 현상.

→ 빛을 흡수하는 검은색 옷보다 흰색 옷이 더 시원한 건 **빛의 반사** 덕분이에요.

빛은 같은 물질을 지나갈 때는 방향이 휘지 않고 곧게 뻗어 나가요. 밤하늘의 레이저 광선이나 등대의 빛을 떠올려 보세요. 빛이 직선으로 나가지 구불구불 나가지는 않는답니다.

곧게 뻗어 나가던 빛은 다른 물질을 만나면 튕겨서 방향을 바꾸기도 해요. 거울로 들어간 빛은 반대 방향으로 튕겨 나와요. 이렇게 반사된 빛이 우리 눈에 들어올 때 물체를 볼 수 있어요.

빛의 굴절 (굽을 屈 + 꺾을 折) 〔명사〕
빛이 다른 물질을 만나 꺾이는 현상.

→ **빛의 굴절** 때문에 어항 속의 금붕어가 더 크게 보여요.

렌즈 (lens) 〔명사〕
빛을 모으거나 퍼지게 하는 투명하게 만든 도구.

→ 요즘은 시력 교정용 **렌즈**도 많이 끼어요.

'굴절'은 꺾이어 휘는 거예요. 공기를 곧게 뻗어 나가던 빛이 물을 만나면 경계면에서 진행 방향이 꺾여요. 공기에서보다 물에서 빛이 나아가는 속도가 느리기 때문이에요. 물속에 잠긴 다리가 짧아 보이는 것도 굴절과 관련 있어요.

'볼록 렌즈'는 가운데가 볼록해서 빛을 한 점에 모았다가 퍼져나가게 해요. 가까이 있는 물체를 크게 보이게 하지요. 가운데가 얇은 '오목 렌즈'는 빛이 두꺼운 가장자리로 퍼지게 해요. 오목 렌즈 안경을 쓰면 멀리 있는 물체가 잘 보여요.

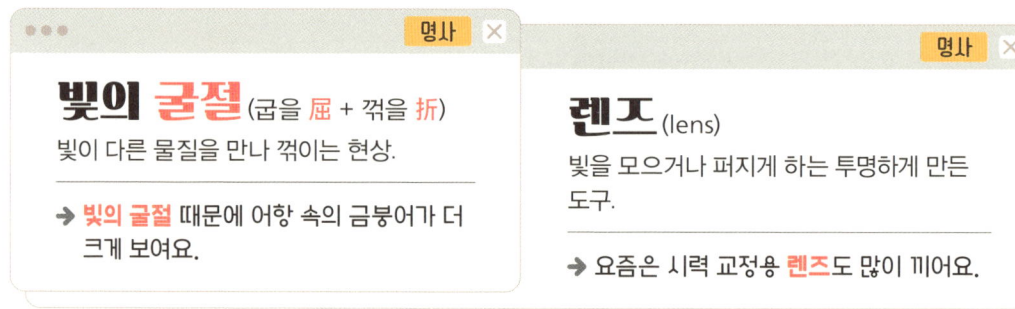

빛의 산란 (흩을 散 + 어지러울 亂) 〔명사〕
빛이 공기 중의 다양한 입자와 부딪쳐 사방으로 흩어지는 현상.

→ 우주는 공기가 없어서 **빛의 산란**이 일어나지 않아요.

태양에서 나온 빛이 지구의 수증기, 먼지 등의 입자들과 부딪치면 사방으로 흩어지는데, 이를 '빛의 산란'이라고 해요. 산란이 되는 정도는 빛의 색에 따라 달라요. 붉은빛보다 파란빛이 더 많이 흩어지는데, 이 때문에 하늘이 파랗게 보이는 거랍니다.

어맛! 말맛 살리는 과탐 어휘 퀴즈

※ 아래 빈칸에 어울리는 말을 고르세요.

❶ 사막 저 멀리 보이는 건 오아시스일까요, ☐☐☐ 일까요?

- 힌트 1: '공기 중 빛의 굴절로 인해 공중이나 땅 위에 물이 있는 것처럼 보이는 현상'이에요.
- 힌트 2: 본래 '공중에 떠 있는 누각'이란 뜻으로 아무런 근거가 없는 사물이나 생각을 비유적으로 이르는 말이에요.

① 편의점　　② 화장실　　③ 신기루

❷ 빛이 직진하는 반대 방향에는 어두운 ☐☐☐ 가 생겨요.

- 힌트 1: '물체가 빛을 가려서 그 물체 뒷면에 드리워지는 검은 그늘'이에요.
- 힌트 2: 빛과 물체 사이의 거리가 가까우면 큰 모양이, 멀면 작은 모양이 생겨요.

① 도깨비
② 그림자
③ 무지개

찜질방의 열평형

헉! 저기 들어가면 **열**에 데여서 죽는 거 아니에요?

뜨거운 기체 분자가 온도가 낮은 몸에 **열**을 전달해서 점차 **열평형**을 이루면 괜찮아.

공기의 **대류** 때문에 위에서 식은 공기가 바닥으로 내려오면 견딜 만해. 가 볼래?

아뇨!

안에 있다 보면 시원함을 느낄걸?

식혜 왔어요!

히야! 시원하다는 말은 이럴 때 쓰는 거라구요.

명사

열 (더울 熱)
물체의 온도를 높이거나 상태를 변화시키는 에너지.

→ 난로 앞에서 불을 쬐면 **열**이 몸을 따뜻하게 덥혀 줘요.

명사

열평형
(더울 熱 + 평평할 平 + 저울대 衡)
두 물체의 온도가 같아져 열이 이동하지 않고 정지되는 상태.

→ 커피가 차츰 식는 것도 **열평형**이에요.

'열'은 따뜻한 곳에서 차가운 곳으로 흐르면서 온도를 변화시켜요. 얼음을 만지면 열이 손에서 얼음으로 이동해요. 손은 열을 잃어서 온도가 낮아지고, 얼음은 열을 얻어서 온도가 높아져 물로 변해요.

물체와 닿으면 열이 온도가 높은 곳에서 낮은 곳으로 이동하면서 두 물체의 온도가 서로 같아져요. 이렇게 열평형에 도달한 물체는 더 이상 열이 이동하지 않고, 같은 온도로 유지돼요.

명사

전도 (전할 傳 + 이끌 導)
주로 고체에서 열이 물체를 따라 온도가 높은 곳에서 낮은 곳으로 이동하는 현상.

→ 냄비를 금속으로, 손잡이를 고무로 만드는 건 **전도**의 원리 때문이에요.

'전도'는 서로 닿아 있는 물체에서 열이 직접 전달되는 거예요. 물체에서 열이 전달되는 정도를 '열전도율'이라 해요. 구리, 알루미늄 등의 금속은 열전도율이 높고, 나무, 고무 등은 열전도율이 낮아요. 또 액체와 기체는 고체보다도 전도가 매우 느리답니다.

대류 (대답할 對 + 흐를 流) 〔명사〕
기체나 액체에서 물질이 이동하면서 열이 전달되는 현상.

➔ **대류**의 특성을 이용하여 난방 기구를 아래쪽에 설치해요.

복사 (바큇살 輻 + 쏠 射) 〔명사〕
열이 다른 물질의 도움 없이 빛으로 직접 전달되는 현상.

➔ 태양 에너지가 **복사** 형태로 전달되는 것을 '태양 **복사** 에너지'라고 해요.

공기나 물이 따뜻해지면 가벼워져서 위로 올라가고, 위에서 열이 식으면 무거워져서 내려와요. 이렇게 되풀이하면서 열이 골고루 퍼지는 현상이 '대류'예요. 겨울철에 난로를 아래쪽에, 여름철에 에어컨을 위쪽에 설치하는 이유예요.

'복사'는 '빛이 바큇살처럼 퍼져나감'을 뜻해요. 태양과 지구 사이에는 열을 전달하는 물질이 없지만, 태양은 빛을 마구 내뿜어서 열을 지구에 직접 전해요. 햇볕을 쬐면 따뜻한 이유가 태양이 내놓는 복사열 때문이에요.

단열재 (끊을 斷 + 더울 熱 + 재목 材) 〔명사〕
보온하거나 열을 막을 목적으로 쓰는 재료.

➔ 겨울에 따뜻한 집을 지으려면 천장과 벽에 **단열재**를 넣어야 해요.

'단열'은 '열의 전달을 끊음'의 뜻이고, '단열재'는 그런 재료를 말해요. 열의 이동을 막는 것으로, 집을 지을 때 열이 전도되기 어려운 유리 섬유, 스티로폼 등을 넣거나 이중 유리창을 설치해요. 단열이 잘된 집은 겨울에는 따뜻하고, 여름에는 시원하답니다.

어맛! 말맛 살리는 **과탐 어휘 퀴즈**

※ 아래 빈칸에 어울리는 말을 고르세요.

❶ 벽과 벽 사이를 진공으로 만든 ☐☐☐에 커피를 담으면 빨리 식지 않아요.

힌트1 '주위 온도와 관계없이 일정한 온도를 유지하도록 만들어진 병'이에요.
힌트2 열의 전도와 대류를 막아서 열이 잘 전달되지 않도록 해요.

① 보온병 ② 유리병 ③ 전염병

❷ 햇빛이 강한 도로 위로 스멀스멀 ☐☐☐☐가 피어올랐어요.

힌트1 '햇빛이 강하게 쬘 때 공기가 아른거리는 것처럼 보이는 현상'이에요.
힌트2 가열된 땅 표면의 공기가 대류로 인해 굴절되어 위로 올라가는 거예요.

① 해바라기
② 아지랑이
③ 꽃봉오리

가로풀이

① 전기를 띤 입자가 흐르는 현상.
③ 전기가 흐르도록 부품을 연결하여 만든 기구.
⑥ 2개 이상의 전지를 나란히, 서로 다른 극끼리 연결하는 것. ○○연결.
⑦ 점점 줄어들어 다 없어짐. 또는 다 써서 없앰.
⑨ 빛이 물체에 부딪쳐서 나아가던 방향을 바꾸는 현상. 빛의 ○○.
⑩ 과학을 전문적으로 배우고 연구하는 사람을 이르는 말. 과학자.
⑫ 사람의 눈으로 볼 수 있는 빛.
⑬ 몸의 무게.

세로풀이

❶ 전류를 흐르게 하는 능력.
❷ 기체나 액체에서 물질이 이동하면서 열이 전달되는 현상.
❸ 고체에서 열이 물체를 따라 온도가 높은 곳에서 낮은 곳으로 이동하는 현상.
❹ 재의 빛깔처럼 검은색과 흰색이 섞인 색.
❺ 전지 여러 개를 서로 같은 극끼리 연결하는 것. ○○연결.
❻ 빛이 곧게 나아가는 현상. 빛의 ○○.
❼ 불쾌하고 시끄러운 소리.
❽ 열이 다른 물질의 도움 없이 빛으로 직접 전달되는 현상.
❾ 때에 따라 도체가 되기도 부도체가 되기도 하는 물질.
⓫ 사람이나 악기마다 소리의 느낌이 다른 것. 소리의 ○○.
⓮ 어떤 것의 한가운데.

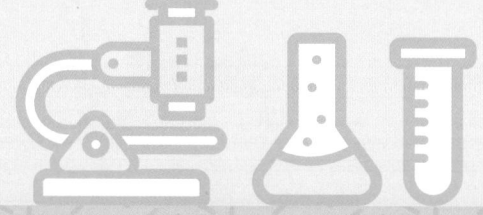

옥이도 식물이야

식물 (심을 植 + 만물 物) — 명사

광합성을 통해 스스로 양분을 만들고, 옮겨 다닐 수 없어 한 자리에서 자라는 생물.

→ **식물**은 꽃이 피는 **식물**과 꽃이 피지 않는 **식물**로 나뉘어요.

식물의 구조 — 명사

(심을 植 + 만물 物 + 얽을 構 + 지을 造)
뿌리, 줄기, 잎, 꽃, 열매 등 식물을 이루는 여러 부분.

→ **식물의 구조**와 기능을 알면 식물을 더 잘 이해할 수 있어요.

'식물'은 땅에서 자라는 나무와 풀 등이에요. 꽃이 피고 씨앗으로 번식하는 '종자식물'과 꽃이 피지 않고 포자(홀씨)로 번식하는 '포자식물'로 구분해요. 개나리, 장미, 소나무 등이 종자식물, 우산이끼, 고사리 등이 포자식물이에요.

'뿌리'는 땅속에 박혀서 물과 양분을 빨아들여요. '줄기'는 뿌리와 잎을 연결하며 물관과 체관을 통해 물과 양분을 이동시켜요. '잎'은 광합성을 통해 양분을 만들고, 숨을 쉬어요. '꽃'이 지면 '열매'를 맺어요. 열매가 퍼져서 싹이 나지요.

증산 작용 — 명사

(찔 蒸 + 흩을 散 + 지을 作 + 쓸 用)
잎에 있는 기공을 통해 물이 수증기가 되어 공기 중으로 빠져나가는 현상.

→ **증산 작용**은 식물의 체온을 조절하는 역할도 해요.

'증산 작용'은 잎의 뒷면에 있는 아주 작은 구멍(기공)을 통해 물이 빠져나가는 거예요. 뿌리의 물과 무기 양분을 잎까지 보내 주는 원동력이지요. 또 식물의 체온도 조절해 줘요. 햇빛이 강하고 바람이 부는 날, 기온이 높고 습도가 낮은 날일수록 더 활발하게 진행돼요.

 이런 뜻이 있어요

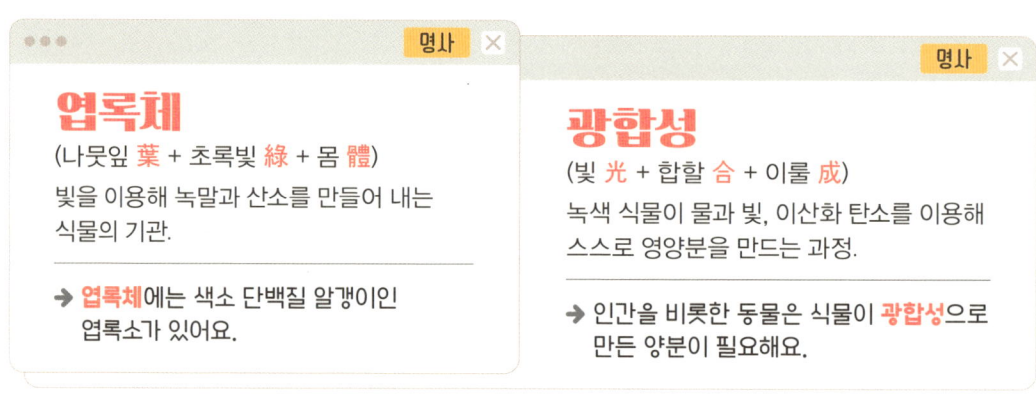

엽록체
(나뭇잎 葉 + 초록빛 綠 + 몸 體)
빛을 이용해 녹말과 산소를 만들어 내는 식물의 기관.

➡ **엽록체**에는 색소 단백질 알갱이인 엽록소가 있어요.

광합성
(빛 光 + 합할 合 + 이룰 成)
녹색 식물이 물과 빛, 이산화 탄소를 이용해 스스로 영양분을 만드는 과정.

➡ 인간을 비롯한 동물은 식물이 **광합성**으로 만든 양분이 필요해요.

'엽록체'는 식물 세포에만 있어요. 이 안에 '엽록소'라는 초록색 알갱이가 있어서 식물의 잎이 초록색을 띠어요. 식물의 엽록소에서는 물, 이산화 탄소, 햇빛이 화학 반응을 일으켜 양분인 탄수화물과 산소를 만드는데, 이를 '광합성'이라고 해요. 동물은 식물이 광합성에서 만들어 낸 산소를 통해 호흡하고 영양분을 얻어요. 광합성은 우리가 살아가는 생태계에서 아주 중요해요.

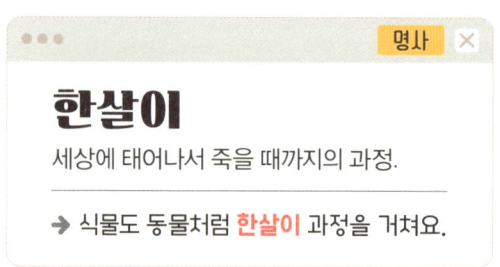

한살이
세상에 태어나서 죽을 때까지의 과정.

➡ 식물도 동물처럼 **한살이** 과정을 거쳐요.

'한살이'는 다른 말로 '일생'이에요. '식물의 한살이'는 식물이 싹이 트고 자라고, 다시 씨를 맺어 한 세대를 이어 가는 과정이에요. 식물은 한살이 기간에 따라 '한해살이 식물', '두해살이 식물', '여러해살이 식물'로 구분해요.

어맛! 말맛 살리는 **과탐 어휘 퀴즈**

❶ 식물의 ㅍ,ㅇ 에는 잎과 뿌리가 자랄 수 있는 양분이 들어 있어요.

- 힌트1 '씨앗에서 움이 트면서 처음으로 나오는 잎'으로, 양분을 저장하고 있어요.
- 힌트2 이것이 두 장이면 '쌍○○식물', 한 장이면 '외○○식물'이라고 해요.

❷ 나무의 ㄴ,ㅇ,ㅌ 를 보면 그 나무의 나이를 알 수 있어요.

- 힌트1 '나무의 줄기나 가지 따위를 가로로 자른 면에 나타나는 둥근 테'예요.
- 힌트2 보통 1년마다 하나씩 생겨요.

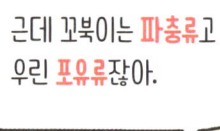

명사
동물 (움직일 動 + 만물 物) 움직일 수 있으며, 다른 생물로부터 양분을 얻어서 살아가는 생물. → **동물**은 다리나 날개 등이 있어 자유롭게 움직일 수 있어요.

명사
진화 (나아갈 進 + 될 化) 생물이 오랫동안 환경에 맞추어 몸의 생김새나 성질이 변화하는 과정. → 다윈은 핀치새의 부리를 통해 **진화** 이론을 설명했어요.

'동물'은 걷고, 달리고, 날고, 헤엄치는 등 먹이와 살 곳을 찾아 움직이는 생물이에요. 근육과 감각 기관, 소화 기관 등이 발달해 있어요. 동물은 스스로 양분을 만들지 못하고 다른 생물을 잡아 먹어요. 지구상에는 약 200만 종이 있어요.

'진화'는 생물이 오랫동안 여러 세대를 거치면서 변해 가는 현상을 말해요. 동물이든 식물이든 서식지나 먹이, 기온, 환경 등에 따라 독특한 모습과 특징을 가지게 돼요. 이 변화가 쌓이면 새로운 종이 나타날 수도 있어요.

명사
척추동물 (등성마루 脊 + 몽치 椎 + 움직일 動 + 만물 物) 등뼈가 있는 동물. 등뼈동물. → 동물은 등뼈의 유무로 **척추동물**과 **무척추동물**로 나누어요.

동물을 나눌 때 몸속에 등뼈가 있느냐, 없느냐를 가지고 '척추동물'과 '무척추동물'로 구분해요. 척추동물은 포유류, 파충류, 조류, 양서류, 어류로 나뉘어요. '무척추동물'은 오징어, 거미, 말미잘, 플라나리아처럼 등뼈가 없어요. 연체동물, 절지동물, 강장동물, 편형동물, 극피동물, 환형동물이 있어요.

포유류
(먹을 哺 + 젖 乳 + 무리 類)
새끼를 낳아 젖을 먹여 키우는 동물 무리.

→ 지구상에는 약 4,000종의 **포유류**가 살고 있어요.

파충류
(긁을 爬 + 벌레 蟲 + 무리 類)
온몸이 비늘로 덮여 있고, 폐로 호흡하며 알을 낳는 동물 무리.

→ **파충류** 대부분은 겨울잠을 자요.

'포유류'의 새끼는 어미 배 속에서 자란 다음 태어나요. 암컷이 새끼에게 젖을 먹여 키우지요. 체온이 늘 똑같고, 폐로 숨을 쉬며 온몸이 털로 덮여 있는 경우가 많아요. 개, 고양이, 소, 돼지, 말, 호랑이 등이 있으며, 고래도 포함돼요.

'파충류'는 대부분 피부가 딱딱한 데다 비늘로 덮여 있어요. 기온에 따라 체온이 변해서 극지방을 뺀 거의 모든 대륙에 살아요. 뱀, 악어 등이 있으며, 폐로 숨을 쉬고 알을 낳아 번식해요.

변온 동물
(변할 變 + 따뜻할 溫 + 움직일 動 + 만물 物)
체온을 조절하는 능력이 없어서 바깥 온도에 따라 체온이 변하는 동물.

→ **변온 동물** 중에는 겨울을 나기 위해 겨울잠을 자는 동물이 있어요.

'변온 동물'은 기온에 따라 몸의 온도가 변해요. 밤보다는 낮에 활동하고, 겨울보다는 여름에 활동하는 걸 좋아해요. 파충류와 양서류, 어류가 있어요. 반면 체온이 일정한 동물은 '정온 동물'이라고 하는데, 포유류와 조류가 여기에 속해요.

어맛! 말맛 살리는 **과탐 어휘 퀴즈**

① ㅉ, ㅈ, ㄱ 시기가 되면 춤추며 암컷을 유혹하는 수컷 동물들도 있어요.

- 힌트 1 '동물의 암수가 짝을 이루어 자손을 남기는 것'을 말해요.
- 힌트 2 이를 위해 동물들은 다양한 구애 행동을 해요.

② 동물은 먹이의 종류에 따라 ㅊ, ㅅ 동물과 육식 동물 등으로 나뉘어요.

- 힌트 1 '식물을 주로 먹고 사는 동물'이에요.
- 힌트 2 말, 코끼리, 다람쥐, 기린 등이 있어요.

탈바꿈과 탈피

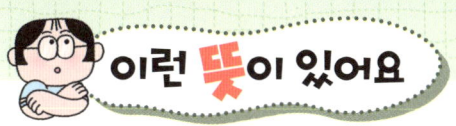 

명사

조류 (새 鳥 + 무리 類)
날개와 부리가 있고 온몸이 깃털로 덮인 동물 무리.

→ **조류**의 날개는 앞다리가 변한 거예요.

명사

양서류
(두 兩 + 깃들일 棲 + 무리 類)
물과 땅 모두에서 생활하는 동물.

→ **양서류**는 어류와 파충류의 중간이에요.

'조류'는 흔히 '새'라고 불러요. 새는 날개와 부리가 있고, 다리가 2개예요. 온몸이 깃털로 덮여 있으며, 알을 낳아 번식해요. 독수리, 올빼미, 비둘기, 펭귄, 타조 등이 있어요.

'양서류'는 '두 곳에서 삶'이란 뜻이 있어요. 어릴 때는 물속에서 아가미로 숨을 쉬다가 다 자라서는 땅 위에서 폐와 피부로 숨을 쉬어요. 알을 낳고, 체온이 변하지요. 개구리, 두꺼비, 맹꽁이, 도롱뇽 등이 있어요.

명사

어류 (물고기 魚 + 무리 類)
물속에 살며 지느러미가 있고, 아가미로 숨을 쉬는 동물.

→ **어류**는 척추동물 가운데 가장 먼저 나타난 종이에요.

'어류'는 한마디로 말하면 '물고기'예요. 몸이 대부분 비늘로 덮여 있고, 지느러미가 있어서 물속에서 헤엄을 잘 쳐요. 또 공기주머니인 부레를 통해 물 위로 뜨거나 가라앉을 수 있어요. 전 세계에 약 1만 300여 종이 살고 있어요.

곤충 (맏 昆 + 벌레 蟲) — 명사
몸이 머리, 가슴, 배로 나뉘고 다리가 6개인 동물의 무리.

→ **곤충**은 풀밭이나 숲에 가면 많이 볼 수 있어요.

탈바꿈 — 명사
곤충이나 양서류가 자라면서 모양이나 모습을 바꾸는 것.

→ 완전 **탈바꿈**을 하는 곤충에는 나비, 벌, 파리 등이 있어요.

'곤충'은 '벌레'라고도 해요. 몸이 머리, 가슴과 배로 나뉘고, 가슴에는 날개와 다리가 있어요. 보통 날개가 두 쌍, 다리는 세 쌍이지요. 곤충은 지구상 동물 가운데 75% 이상을 차지할 정도로 수가 많아요.

다른 말로 '변태'라고 해요. 알에서 깨어난 곤충은 애벌레에서 생식 능력을 가지는 어른벌레로 변하는데, 이때 모습을 여러 번 바꾸어요. 번데기 과정을 거치면 '완전 탈바꿈', 애벌레에서 바로 어른벌레가 되면 '불완전 탈바꿈'이에요.

탈피 (벗을 脫 + 가죽 皮) — 명사
파충류나 곤충이 자라면서 허물이나 껍질을 벗는 것.

→ 애벌레가 여러 번 **탈피**하고 나면 어른벌레가 돼요.

'탈피'는 다른 말로 '허물벗기'예요. 곤충은 애벌레일 때 몸이 커지면서 여러 번 허물을 벗어요. 껍질이 단단한 키틴질로 되어 있어서 더 크게 자라기 위해서는 이를 벗어야 하지요. 뱀도 몸이 자라면서 여러 차례 껍질을 벗어요.

어맛! 말맛 살리는 **과탐 어휘 퀴즈**

❶ 동물이 알을 낳아 번식하는 방법을 ㄴ ㅅ 이라고 해요.

> 힌트1 어류, 양서류, 파충류, 조류 등이 이 방법으로 번식해요.
> 힌트2 반대말은 '태생'으로, 새끼가 암컷의 몸속에서 얼마쯤 자라서 나오는 번식 방법이에요.

❷ 하루살이의 실제 ㅅ ㅁ 은 하루가 아닌, 1년이에요.

> 힌트1 '생물이 태어나 죽을 때까지의 기간'을 말해요.
> 힌트2 거북은 100여 년을 살고, 인간의 평균 ○○은 80세랍니다.

세포와 줄넘기

> **명사**
>
> **세포** (가늘 細 + 태보 胞)
> 생명체를 이루고 있는 기본 단위.
>
> → 죽어야 할 **세포**가 죽지 않고 계속해서 분열하면 암세포가 돼요.

> **명사**
>
> **근육** (힘줄 筋 + 고기 肉)
> 힘줄과 살을 통틀어 이르는 말.
>
> → **근육**을 통해 우리는 걷고, 뛰고, 달릴 수 있어요.

'세포'는 생물의 몸을 구성하는 최소 단위예요. 얇은 껍질인 '세포막'에 둘러싸여 있고, 가장 안쪽에는 생명 활동을 조절하는 '핵'이 있어요. 세포는 둘 또는 여러 개로 갈라지는 세포 분열을 해요.

'근육'은 몸속에서 뼈를 보호하고 몸을 움직일 수 있도록 해 줘요. 뼈와 뼈를 연결하고 있는 힘줄이 오므라들고 펴지면서 움직이는 거예요. 몸속 내장 기관을 이루는 근육들은 우리 마음대로 움직일 수 없어요.

> **명사**
>
> **혈액** (피 血 + 진 液)
> 몸 안의 혈관을 돌며 산소와 영양분을 공급하고 노폐물을 운반하는 물질.
>
> → **혈액**이 붉은색을 띠는 것은 적혈구에 있는 헤모글로빈 때문이에요.

우리가 '피'라고 부르는 게 바로 '혈액'이에요. 몸 구석구석을 돌며 각 세포에 산소와 영양분을 보내고, 세포에서 만들어진 노폐물과 이산화 탄소를 몸 밖으로 나갈 수 있게 하지요. 혈액은 90% 물로 된 혈장과 적혈구, 백혈구, 혈소판으로 이루어져 있어요.

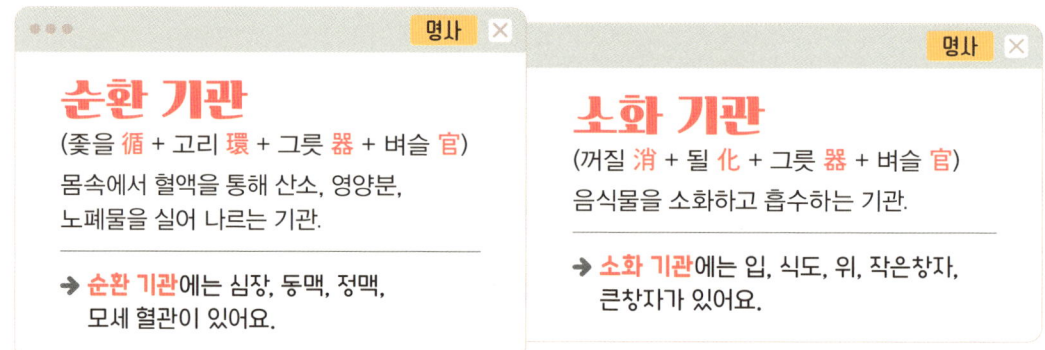

순환 기관
(좇을 循 + 고리 環 + 그릇 器 + 벼슬 官)
몸속에서 혈액을 통해 산소, 영양분, 노폐물을 실어 나르는 기관.

➔ **순환 기관**에는 심장, 동맥, 정맥, 모세 혈관이 있어요.

소화 기관
(꺼질 消 + 될 化 + 그릇 器 + 벼슬 官)
음식물을 소화하고 흡수하는 기관.

➔ **소화 기관**에는 입, 식도, 위, 작은창자, 큰창자가 있어요.

'순환 기관'은 혈액이 온몸을 돌아다닐 수 있도록 일하는 기관으로, 심장과 혈관이 해당해요. 심장은 펌프 작용을 통해 혈액이 동맥과 정맥, 모세 혈관으로 돌게 만들어요. 이들 순환 기관에 문제가 생기면 심장병, 고혈압 등이 나타나요.

'소화'는 영양소가 몸속에서 잘게 분해되는 과정으로, 이런 역할을 '소화 기관'이 해요. 입에 들어온 음식물을 씹고 이동시켜서 소화액과 잘 섞이게 하는 '기계적 소화'와 위액과 같은 소화액을 사용해 더 작게 분해하는 '화학적 소화'를 해요.

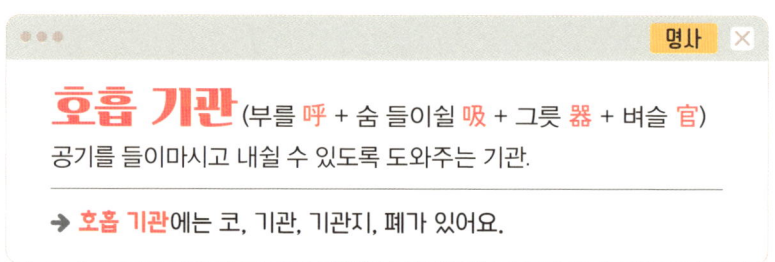

호흡 기관 (부를 呼 + 숨 들이쉴 吸 + 그릇 器 + 벼슬 官)
공기를 들이마시고 내쉴 수 있도록 도와주는 기관.

➔ **호흡 기관**에는 코, 기관, 기관지, 폐가 있어요.

'호흡'은 숨을 쉬는 것이고, 이 호흡을 담당하는 것이 '호흡 기관'이에요. 숨을 들이마시면 코를 통해 공기 중의 산소가 기관과 기관지를 거쳐 폐에 있는 폐포(허파꽈리)의 모세 혈관으로 전달돼요. 반대로 모세 혈관 속의 이산화 탄소는 폐포를 거쳐 입을 통해 몸 밖으로 나가지요.

어맛! 말맛 살리는 과탐 어휘 퀴즈

❶ 5대 ㅇ,ㅇ,ㅅ 는 단백질, 지방, 탄수화물, 무기질, 바이타민이에요.

힌트 1 '생물의 몸을 구성하고 에너지원으로 사용되는 물질'을 말해요.
힌트 2 우리가 음식물로 가장 많이 섭취하는 이것은 탄수화물이에요.

❷ 성장기가 지나 ㅅ,ㅈ,ㅍ 이 닫히면 뼈는 더 이상 자라지 않아요.

힌트 1 '뼈 길이의 성장이 일어나는 부분'이에요.
힌트 2 손가락뼈, 팔뼈, 다리뼈의 끝에 뼈를 만드는 세포가 있어요.

정답 ❶ 영양소 ❷ 성장판

겁쟁이 유전자

나랑 공포 영화 <귀신과 함께> 볼 사람!

으, 난 싫어. 무서운 걸 보면 몸의 **감각 기관**이 멈추는 것 같아.

공포를 느끼면 스트레스 **호르몬**이 나온대. 근육이 긴장되고 땀 같은 **노폐물**도 나오고.

난 **배설 기관** 중에서도 방광이 꽉 찬 느낌이 들더라.

뭐야, 다들 겁쟁이 **유전자**가 있구나.

아니거든. 우린 코미디 영화를 좋아하는 **DNA**를 가진 것뿐이라고.

명사

감각 기관 (느낄 感 + 깨달을 覺 + 그릇 器 + 벼슬 官)

우리 몸에서 외부의 감각을 받아들여 뇌에 전달하는 기관.

→ 개는 **감각 기관** 중에서 코가 발달했어요.

명사

신경계

(귀신 神 + 경서 經 + 이을 系)

자극을 감지해 몸의 다른 곳으로 전달하고 반응하도록 하는 기관.

→ **신경계**는 '뉴런'이라고 하는 신경 세포로 구성되어 있어요.

'감각 기관'에는 눈, 코, 혀, 귀, 피부가 있어요. 주로 자극을 느끼고 받아들이는 역할을 해요. 눈은 시각, 코는 후각, 혀는 미각, 귀는 청각, 피부는 촉각을 느껴요. 감각 기관을 통해 받아들인 자극은 말초 신경과 척수를 통해 뇌로 전달돼요.

'신경계'는 자극을 받아 뇌로 전달하고, 뇌의 명령을 받아 반응해요. 뇌와 척수가 '중추 신경계', 몸에 퍼져 있는 가느다란 신경들이 '말초 신경계'예요. 뇌는 머리에 있고, 척수는 등뼈인 척추 속에 있어요.

명사

배설 기관 (물리칠 排 + 샐 泄 + 그릇 器 + 벼슬 官)

몸에서 생긴 노폐물을 몸 밖으로 내보내는 기관.

→ **배설 기관**에는 콩팥, 오줌관, 방광, 요도가 있어요.

'배설'은 혈액 속에 있는 찌꺼기를 몸 밖으로 내보내는 것으로, '배설 기관'이 담당해요. 신장이라 불리는 콩팥은 몸속 노폐물을 걸러 오줌으로 만들어요. 오줌은 오줌관을 타고 방광으로 들어가서 요도를 통해 밖으로 나가요.

 이런 뜻이 있어요

호르몬 (hormone)
명사
몸속 혈액을 따라 돌며 생명 활동을 조절하는 물질.

→ 키가 작거나 성장이 더딘 사람은 성장 **호르몬** 주사를 맞기도 해요.

'호르몬'은 우리 몸의 일부 기관에서 나오는 화학 물질이에요. 혈액을 타고 흐르면서 우리 몸과 정신을 정상적인 상태로 만들어 주는 역할을 해요. 스트레스를 받으면 나오는 코르티솔, 행복감을 느끼게 하는 세로토닌 등이 여기에 속해요.

DNA (deoxyribonucleic acid)
명사
생물의 생김새나 성질에 관한 정보를 담고 있는 유전 물질.

→ 드라마에서 친자 확인을 위해 **DNA** 검사하는 장면을 봤어요.

유전자
명사
(남길 遺 + 전할 傳 + 아들 子)
DNA 안에서 유전 정보를 가진 최소 단위.

→ **유전자**를 통해 부모가 자식에게 자신의 특성을 물려주게 돼요.

'디옥시리보스 핵산'이라고도 불리는 'DNA'는 세포의 핵 안에 실타래처럼 생긴 염색체의 형태로 있어요. 이 염색체 안에 들어 있는 유전 정보를 '유전자'라고 해요. 엄마의 난자와 아빠의 정자가 만나 수정이 되면, 난자와 정자의 염색체에 있는 유전자가 태아에게 전해져요. 부모의 성격이나 생김새의 특징이 자녀에게 나타나게 되지요.

어맛! 말맛 살리는 **과탐 어휘 퀴즈**

❶ 손톱과 발톱은 뼈가 아니라
   손가락과 발가락을 보호하는 예요.

- 힌트1 '몸을 감싸고 있는 조직'으로, 신체를 보호하고, 체온 조절, 배설의 기능을 해요.
- 힌트2 우리는 이것을 통해서 온각, 냉각, 통각 등의 촉각을 느껴요.

❷ 혈액 속의 은 배설을 통해
   밖으로 내보내요.

- 힌트1 '몸에서 에너지나 구성 물질로 쓰이고 생긴 찌꺼기'를 말해요.
- 힌트2 이산화 탄소, 오줌, 땀 등이 여기에 해당해요.

가로풀이

① 곤충이나 양서류가 자라면서 모습을 바꾸는 것.
② 생물의 몸을 구성하고 에너지원으로 사용되는 물질. 단백질이나 탄수화물 따위.
⑤ 새끼를 낳아 젖을 먹여 키우는 동물 무리.
⑦ 움직일 수 있으며, 다른 생물로부터 양분을 얻어서 살아가는 생물.
⑨ 세상에 태어나서 죽을 때까지의 과정.
⑪ 사람의 지능이나 능력, 제품의 성능 등의 알아보기 위하여 시험하거나 검사하는 것.
⑫ 피를 온몸에 내보내는 신체 기관.

세로풀이

① 파충류나 곤충이 자라면서 허물이나 껍질을 벗는 것.
③ 물과 땅 모두에서 생활하는 동물.
④ 생명체를 이루고 있는 기본 단위.
⑥ DNA 안에서 유전 정보를 가진 최소 단위.
⑧ 광합성을 통해 스스로 양분을 만들고, 옮겨 다닐 수 없어 한 자리에서 자라는 생물.
⑨ 걱정이 있을 때나 긴장했다가 마음을 놓을 때 길게 몰아서 내쉬는 숨.
⑩ 나무의 줄기나 가지 따위를 가로로 자른 면에 나타나는 둥근 테.
⑬ 뼈 길이의 성장이 일어나는 부분.

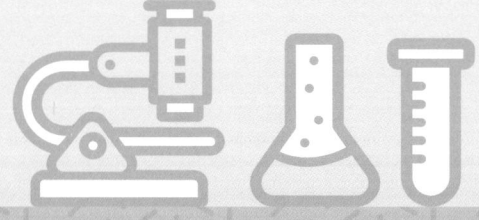

일식 있는 날

지구 (땅 地 + 공 球) — 명사
태양에서 세 번째로 가까운 행성이자 인류가 사는 천체.
→ **지구**는 약 46억 년 전에 탄생했어요.

행성 (다닐 行 + 별 星) — 명사
중심 별을 돌며 스스로 빛을 내지 않는 천체.
→ 태양계는 8개의 **행성**이 있어요.

우리가 사는 '지구'는 태양계에 속해 있어요. 태양계에서 생명체가 사는 유일한 천체이고, 달이 주변을 돌고 있어요. 지구의 둘레는 약 4만 km예요. 주위를 질소, 산소 등의 대기가 둘러싸고 있지요. 지구는 바다가 약 70%를 차지해요.

태양처럼 스스로 빛을 내는 천체를 '항성'이라고 해요. 이 항성을 중심으로 주위를 도는 천체를 '행성'이라고 하지요. 태양계에는 태양을 중심으로 수성, 금성, 지구, 화성, 목성, 토성, 천왕성, 해왕성의 8개 행성이 돌고 있어요.

위성 (지킬 衛 + 별 星) — 명사
행성 둘레를 돌고 있는 천체.
→ 달은 지구 주위를 도는 지구의 **위성**이에요.

'위성'은 지구를 도는 달처럼 행성 주변을 도는 천체예요. 지구의 위성은 달이 유일하지만, 화성에는 2개, 목성과 토성에는 각각 60여 개가 있어요. 목성의 대표적인 위성으로는 이오, 유로파 등이 있고, 토성에는 타이탄이 있어요.

이런 뜻이 있어요

자전 (스스로 自 + 구를 轉) [명사]
천체가 고정된 축을 중심으로 스스로 도는 현상.

→ **자전**의 중심이 되는 가상의 고정된 축을 '자전축'이라고 해요.

공전 (공변될 公 + 구를 轉) [명사]
한 천체의 주위를 다른 천체가 주기적으로 도는 현상.

→ 지구는 태양 주변을 1년에 한 바퀴씩 **공전**해요.

행성과 위성은 '자전'을 해요. 지구에는 남극과 북극을 이은 가상의 자전축이 있어요. 자전축을 중심으로 하루에 한 바퀴씩 회전하는데, 이 때문에 낮과 밤이 생겨요. 지구의 자전 속도는 약 1,600km/h로 엄청 빨라요.

지구를 비롯한 태양계의 행성들은 태양을 중심으로 '공전'을 해요. 이 공전과 자전 때문에 계절과 별자리가 달라져요. 달은 지구 둘레를 평균 27.3일에 한 바퀴씩 돌아요. 밤마다 달의 위치와 모양이 달라진답니다.

일식 (날 日 + 갉아먹을 蝕) [명사]
달이 태양을 가려 태양의 일부나 전체가 안 보이는 현상.

→ 옛날 사람들은 **일식**이 되면 달이 태양을 삼킨다고 생각했대요.

'일식'은 태양—달—지구처럼, 달이 태양과 지구 사이에 있어 태양을 가리는 현상이에요. '개기 일식'은 달이 태양을 완전히 가려서 대낮이 한밤중처럼 어두워져요. '부분 일식'은 달이 태양의 일부만 가리는 거예요.

어맛! 말맛 살리는 **과탐 어휘 퀴즈**

※ 아래 빈칸에 어울리는 말을 고르세요.

❶ 밀물과 ☐☐ 은 지구와 달 사이에 작용하는 인력 때문에 생겨요.

- 힌트 1: 해수면이 낮아져 바닷물이 바다 쪽으로 빠져나가는 현상이에요.
- 힌트 2: 지구의 자전으로 하루에 두 차례 일어나요.

① 눈물   ② 썰물   ③ 국물

❷ 밤하늘에 뜬 달이 갑자기 사라지는 ☐☐ 현상이 일어났어요.

- 힌트 1: '태양-지구-달 순서로 일직선에 놓였을 때 달이 지구의 그림자에 일부나 전부가 가려지는 현상'이에요.
- 힌트 2: 그림자에 전부 가려진 달이 불그스름하게 보이는 걸 가리켜 '블러드 문'이라고 해요.

① 월식   ② 채식   ③ 간식

정답 ❶ ② ❷ ①

지진이 났다

명사

지각 (땅 地 + 껍질 殼)
지구의 바깥쪽을 차지하는 부분.

→ **지각**은 지구 전체 부피의 1% 정도밖에 되지 않아요.

명사

맨틀 (mantle)
지구 내부의 핵과 지각 사이에 있는 부분.

→ **맨틀**은 흐르면서 지각을 움직여요.

'지각'은 '암석으로 이루어진 지구의 표면'을 말해요. 대륙 지각과 해양 지각으로 나뉘는데, 대륙 지각 약 35km, 해양 지각은 약 5~10km 두께예요. 지구 내부의 힘 때문에 지각이 바뀌기도 하는데, 이를 '지각 변동'이라고 해요.

지각 아래에 '맨틀'이 있어요. 두께가 약 2,900km로, 두꺼운 암석층이면서도 온도와 압력이 높아서 흐르는 형태로 있어요. 이 맨틀이 움직이면서 화산이나 지진 등의 지각 변동을 일으켜요.

명사

외핵 (바깥 外 + 씨 核)
지구 가장 안쪽인 내핵과 맨틀 사이에 있는 부분.

→ 지구 자기장은 **외핵** 때문에 생겨요.

지구의 가장 안쪽인 핵은 '내핵'과 '외핵'으로 나뉘어요. 내핵은 제일 안쪽에 있는 단단한 고체 상태예요. 외핵은 내핵을 둘러싸고 있으며, 고온의 액체로 되어 있어요. 주로 철, 니켈과 같은 무거운 금속이 녹아 있답니다. 이 외핵이 움직이면서 전류와 자기장이 발생하는 거예요.

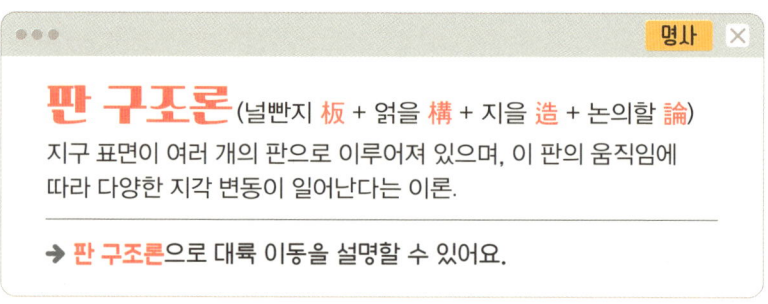

지각은 10개의 지각판으로 이루어져 있으며, 맨틀 위에 떠 있어요. 맨틀의 움직임에 따라 지각판도 움직이거나 부딪치고, 한쪽이 다른 쪽 아래로 들어가면서 여러 가지 지각 변동을 일으켜요. '판 구조론'은 1960년대 초에 주장되었으며, 현재 지구 과학의 중심 이론이 되었어요.

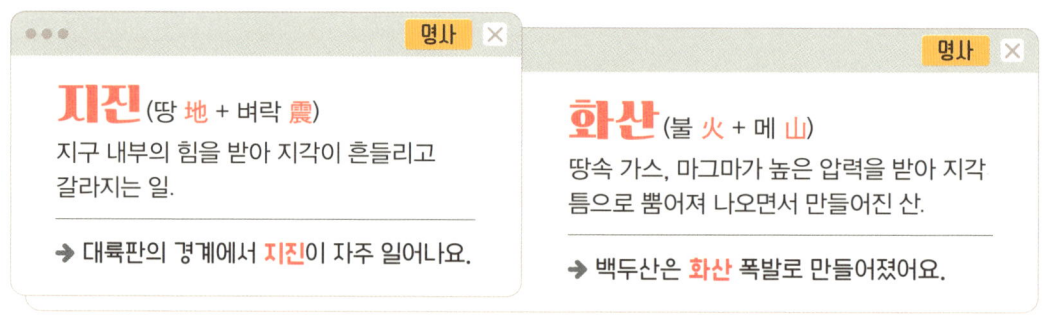

'지진'은 땅속 화산 활동이나 지각판의 이동으로 생겨요. 지진이 처음 발생한 곳을 '진원', 진원이 있는 바로 위의 지표면 부분을 '진앙'이라고 해요. 지진 때문에 생기는 진동을 '지진파'라 하는데, 멀리 빠르게 퍼져나가요.

땅속 맨틀에 있는 마그마가 지각의 약한 틈을 뚫고, 가스와 솟구쳐 폭발해요. 이때 만들어진 산이 '화산'이에요. 화산에는 활동이 완전히 멈춘 '사화산', 활동을 잠시 멈춘 '휴화산', 활발히 활동하는 '활화산'이 있어요.

어맛! 말맛 살리는 과탐 어휘 퀴즈

※ 아래 빈칸에 어울리는 말을 고르세요.

❶ 화산 폭발로 ☐☐이 흘러내리고 화산재가 사방으로 퍼졌어요.

- 힌트 1 '땅속 마그마가 땅 위로 분출되어 흐르는 것'이에요.
- 힌트 2 마그마 속 화산 가스가 빠져서 끈적끈적한 액체 물질만 남아 있어요.

① 기름
② 사암
③ 용암

땅속에 있으면 마그마, 밖으로 나오면 용암.

냉동실에 있으면 얼음, 밖으로 나오면 물, 비슷한 의미지?

❷ 우리나라 대표적인 ☐☐☐으로는 독도, 울릉도, 제주도가 있어요.

- 힌트 1 '바다 밑에서 폭발한 화산에서 나온 용암이 쌓여 만들어진 섬'을 가리켜요.
- 힌트 2 다른 말로는 '화산도'라고도 해요.

① 화산섬
② 제로섬
③ 활화산

정답: ❶ ③ ❷ ①

현무암과 흑룡

명사

암석 (바위 巖 + 돌 石)
지각을 구성하고 있는 단단한 물질.

→ **암석**은 보통 돌이나 바위를 가리켜요.

'암석'은 자연의 고체 알갱이들이 단단하게 굳어진 덩어리예요. 화산 활동으로 만들어진 '화성암', 진흙이나 모래, 자갈 등이 층층이 쌓여서 된 '퇴적암', 높은 열과 압력으로 암석의 성질이 변하여 만들어진 '변성암' 등이 있어요.

명사

풍화 작용 (바람 風 + 될 化 + 지을 作 + 쓸 用)
오랜 시간에 걸쳐 암석이 햇빛, 공기, 물 따위의 작용으로 점차로 파괴되거나 분해되는 일.

→ **풍화 작용**으로 돌탑의 모양이 변했어요.

명사

침식 (적실 浸 + 갉아먹을 蝕)
비, 하천, 빙하, 바람 등의 자연 현상이 지표를 깎는 일.

→ 파도의 **침식** 작용으로 해식 동굴이 만들어졌어요.

'풍화 작용'은 지표의 돌이나 바위가 물, 공기, 기온의 변화 등으로 아주 조금씩 녹거나 부서지거나 해서 흙으로 변해 가는 거예요. 암석이 풍화 작용에 의해 두께 1cm의 흙으로 만들어지는 데 걸리는 시간은 약 200년이라고 해요.

'침식'은 바람, 흐르는 물, 움직이는 빙하 등에 의해 지표가 깎이고 떨어져 나가는 거예요. 침식 작용은 강 상류에서 잘 일어나고, 폭포에서도 볼 수 있어요. 바다에서는 바위가 침식 작용으로 해안 절벽이나 동굴이 되기도 해요.

퇴적 (흙무더기 堆 + 쌓을 積) — 명사
암석의 알갱이나 흙이 물이나 빙하, 바람에 의해 운반되어 일정한 곳에 쌓이는 일.

➜ 강 상류에서 떠내려온 흙이 강 하류에 **퇴적**되었어요.

지층 (땅 地 + 층 層) — 명사
진흙, 모래, 자갈 등과 같은 퇴적물이 쌓여 층을 이루는 것.

➜ **지층**에는 층마다 경계를 짓는 '층리'라는 선이 있어요.

'퇴적'은 본래 '많이 덮쳐 쌓임'이란 뜻이에요. 바람이나 물에 흘러온 알갱이들이 계속해서 쌓이는 거예요. 강 하류에 쌓인 퇴적 지형은 평평하고 비옥해서 농사가 잘돼요. 퇴적 작용으로 퇴적물이 오래 쌓이면 굳어져 퇴적암이 돼요.

'지층'은 흙이나 모래 등이 차곡차곡 쌓여 이룬 암석층이에요. 보통은 수평으로 나란히 쌓이지만, 간혹 작용하는 힘의 세기에 따라 굽거나 끊어진 것도 있어요. 지층을 이룬 퇴적물을 보면 그 환경을 알 수 있어요.

화석 (될 化 + 돌 石) — 명사
옛날에 살았던 생물의 몸체나 흔적이 암석이나 지층 속에 남아 있는 것.

➜ 고성에는 공룡 발자국 **화석**이 있어요.

생물이 죽어서 호수나 바다 밑바닥에 묻히면 그 위에 오랜 시간에 걸쳐 퇴적물이 쌓여요. 지층 속에서 생물의 단단한 뼈나 껍데기가 굳어져 '화석'이 돼요. 때로 동물의 발자국이나 배설물 등도 흔적으로 남지요. 화석을 연구하면 그 시대 살았던 생물의 모습이나 환경을 알 수 있어요.

어맛! 말맛 살리는 **과탐 어휘 퀴즈**

※ 아래 빈칸에 어울리는 말을 고르세요.

❶ 습곡이나 □□은 지층의 모양이 변한 거예요.

- 힌트 1: '지구 내부의 미는 힘이나 당기는 힘 때문에 지층이 어긋나거나 끊어진 것'이에요.
- 힌트 2: 당기는 힘과 미는 힘에 따라 정○○, 역○○이 있어요.

① 단발   ② 단층   ③ 위층

❷ 제주도의 돌하르방은 □□□으로 만들어졌어요.

- 힌트 1: 용암이 빠르게 굳어진 화성암의 한 종류로, 겉에 가스 성분이 빠져나간 구멍이 있어요.
- 힌트 2: 색깔은 주로 검은색이나 회색이고, 표면이 거칠거칠해요.

① 퇴적암
② 도솔암
③ 현무암

큰 저기압이 온다!

풍향 (바람 風 + 향할 向) [명사]

바람이 불어오는 방향.

→ **풍향**이 북서풍에서 남동풍으로 바뀌었어요.

풍속 (바람 風 + 빠를 速) [명사]

바람의 속도.

→ 순간 **풍속** 초속 15m 이상의 강한 바람이 예상됩니다.

'풍향'은 바람이 불어오는 곳을 기준으로 해요. 서풍은 서쪽에서 불어오는 바람이고, 북풍은 북쪽에서 불어오는 바람이에요. 우리나라는 여름에 덥고 습한 바람이 남동쪽에서 불어와요. 겨울에는 춥고 건조한 바람이 북서쪽에서 불어와요.

'풍속'은 바람의 빠르기예요. 대기가 1초 동안 흘러간 거리를 말하며, m/s로 표시해요. 대개 풍속이 10m/s가 되면 우산 쓰기가 힘들어요. 순간적인 바람의 풍속을 '순간 풍속'이라 하는데, 태풍의 경우 60m/s까지도 불어요.

해륙풍 (바다 海 + 뭍 陸 + 바람 風) [명사]

해안에서 바다와 육지의 기온 차 때문에 낮과 밤에 바람이 바뀌어 부는 현상.

→ 부산은 **해륙풍**의 영향권에 있어요.

'해륙풍'은 해안 지방에서 밤낮에 따라 바람의 방향이 바뀌는 거예요. 바닷가에서는 낮에 육지가 바다보다 빨리 데워져서 공기가 위로 올라가요. 따라서 바람은 바다에서 육지를 향해 해풍이 불어와요. 밤이 되면 반대로 육지에서 바다로 육풍이 불어요.

 이런 뜻이 있어요

고기압
(높을 高 + 기운 氣 + 누를 壓)
대기 중에서 높이가 같은 주위보다 기압이 높은 영역.

→ **고기압** 때는 중심에서 바깥쪽으로 바람이 불어 나가요.

저기압
(낮을 低 + 기운 氣 + 누를 壓)
대기 중에서 높이가 같은 주위보다 기압이 낮은 영역.

→ **저기압**일 때는 주위에서 중심 쪽으로 바람이 불어 들어와요.

'기압'은 '우리를 둘러싼 대기가 누르는 힘'이에요. '고기압'은 기압이 주위보다 높고, '저기압'은 주위보다 낮아요. 기압 차가 나면 공기가 고기압에서 저기압으로 흐르며 바람이 생겨요. 고기압 때는 공기의 흐름이 위에서 아래로 내려가 날씨가 맑아져요. 저기압 때는 공기 덩어리가 위로 올라가 구름이 만들어지고 비가 와요.

계절풍 (계절 季 + 마디 節 + 바람 風)
계절에 따라 주기적으로 일정한 방향으로 부는 바람.

→ 우리나라는 **계절풍**의 영향을 많이 받아요.

'계절풍'이 부는 이유는 육지와 바다의 온도 차이 때문이에요. 여름철에는 육지가 바다보다 더 빨리 더워져서 바람이 바다에서 육지로 불고, 겨울에는 바다가 육지보다 덜 식어서 바람이 반대로 불어요. 우리나라는 여름에는 남동풍, 겨울에는 북서풍이 불어요.

어맛! 말맛 살리는 **과탐 어휘 퀴즈**

※ 아래 빈칸에 어울리는 말을 고르세요.

❶ 6월 20일경, 제주도부터 ☐☐가 시작될 전망입니다.

힌트 1 '여름철에 차가운 기단과 따뜻한 기단이 만나 오랫동안 머물면서 계속해서 비가 내리는 날씨'를 말해요.
힌트 2 우리나라는 보통 6월 말부터 8월 초까지 이어져요.

① 장마　　　② 장사　　　③ 장래

❷ 늦여름부터 초가을에 오는 ☐☐에 대비해 배수 시설을 점검했어요.

힌트 1 '북태평양 서남부에서 발생하여 아시아 대륙 동부로 불어오는 열대성 저기압'을 말해요.
힌트 2 폭풍우와 초속 17m/s 이상의 강풍이 불어서 피해를 크게 줘요.

① 가뭄
② 태풍
③ 폭설

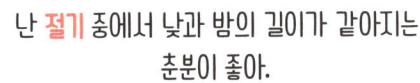

남중 고도 (남녘 南 + 가운데 中 + 높을 高 + 법도 度) [명사]
하루 중 태양이 남쪽 하늘의 중앙에 있을 때의 태양 고도.

→ **남중 고도**는 12시 30분경에 가장 높아요.

태양이 지표면과 이루는 각을 가리켜 '태양의 고도'라고 해요. 지구가 자전하기 때문에 태양의 고도도 달라져요. '남중 고도'는 태양의 고도가 가장 높아졌을 때예요. 보통 오후 12시 30분쯤이 가장 높아요. 이때부터 지표면이 많이 데워지기 시작해서 기온은 2시간쯤 지난 뒤에 제일 높아요.

절기 (마디 節 + 기운 氣) [명사]
한 해를 스물넷으로 나눈, 계절의 표준이 되는 것.

→ **절기**는 태양의 남중 고도와도 관계있어요.

하지 (여름 夏 + 이를 至) [명사]
24절기의 하나로, 양력 6월 21일경.

→ **하지** 후에는 논에 물을 잘 대는 일이 중요해요.

우리 조상들은 태양이 움직이는 길인 '황도'에 맞추어 1년을 24등분으로 해서 계절을 구분했어요. 이를 '24절기'라고 하는데, 각 절기의 간격은 15일이에요. 황도가 0°인 날을 춘분, 180°인 날을 추분, 그 중간을 하지와 동지로 해요.

'하지'는 1년 중 태양의 남중 고도가 가장 높고, 북반구에서 낮의 길이가 가장 긴 날이에요. 반대로 '동지'는 남중 고도가 가장 낮고, 북반구에서 밤의 길이가 가장 긴 날로 양력 12월 21, 22일경이에요.

습도 (축축할 濕 + 법도 度) [명사]

공기 중에 들어 있는 수증기의 양.

→ **습도**가 높은 장마철에는 곰팡이가 생기지 않게 조심해야 해요.

기온 (기운 氣 + 따뜻할 溫) [명사]

공기의 온도.

→ **기온**은 지면으로부터 1.5m 높이의 백엽상에서 온도계로 잰 온도예요.

'습도'는 공기 중에 포함된 수증기가 어느 정도인지를 %(퍼센트)로 나타내요. 우리가 생활하기 좋은 습도는 40~70%예요. 이보다 더 낮으면 건조해서 감기에 걸리기 쉽고, 높으면 습해서 곰팡이가 생기고 불쾌감을 느끼게 돼요.

날씨가 추운지 더운지 그 정도를 알려면 우리를 둘러싼 공기의 온도, 즉 '기온'을 재 보면 돼요. 기온이 높으면 따뜻하거나 덥고, 기온이 낮으면 시원하거나 추워요. 우리나라의 연평균 기온은 10~16℃ 정도예요.

기후 (기운 氣 + 기후 候) [명사]

일정한 지역에서 여러 해에 걸쳐 나타난 기온, 비, 눈, 바람 등의 평균 기상 상황.

→ **기후** 변화로 지구가 점점 뜨거워지고 있어요.

'날씨'는 '시시각각 변하는 대기 현상'이고, '기후'는 '장기간 날씨의 평균값'이라고 할 수 있어요. 보통 30년간의 날씨 정보를 바탕으로 그 지역 기후가 어떤지 판단해요. 적도 지방은 덥고 습한 열대 기후를 보이고, 극지방은 매우 춥고 건조한 한대 기후를 보여요. 우리가 사는 중위도 지방은 온화한 날씨의 온대 기후를 보이지요.

어맛! 말맛 살리는 **과탐 어휘 퀴즈**

※ 아래 빈칸에 어울리는 말을 고르세요.

❶ 도시의 ☐☐☐ 때문에 멀리 산과 빌딩이 뿌옇게 보여요.

힌트 1 '연기(smoke)와 안개(fog)가 합쳐진 말로, 오염된 공기가 안개와 함께 한곳에 머물러 있는 상태'를 말해요.

힌트 2 자동차의 배기가스, 공장에서 내뿜는 연기 등 오염 물질이 공기 중에 안개처럼 끼어 있는 현상이에요.

① 스모그   ② 수증기   ③ 스키장

❷ 새벽에 정원에 나가 보니, 풀잎에 방울방울 ☐☐ 이 맺혀 있었어요.

힌트 1 '맑은 날 새벽, 풀잎이나 꽃잎 위에 맺혀 있는 물방울'이에요.

힌트 2 공기 중의 수증기가 기온이 내려가거나 찬 물체에 부딪혀 엉겨서 생기는 거예요.

① 얼음
② 구름
③ 이슬

빅뱅의 실체

빅뱅 (Big Bang) — 명사
우주의 탄생을 가져온 거대한 폭발.

→ 우주는 백 수십억 년 전 **빅뱅**으로 탄생했어요.

'빅뱅'은 우주가 매우 높은 온도와 밀도를 가진 한 점에서 "뻥!" 하고 폭발해서 생겨났다는 뜻의 용어예요. 빅뱅설이 따르면 우주는 대폭발 이후 점차 온도가 내려가면서 물질이 생겨났고, 현재에도 계속해서 팽창하고 있어요. 현재는 우주의 기원과 발달에 대해 가장 널리 받아들여지는 이론이에요.

천체 (하늘 天 + 몸 體) — 명사
우주에 존재하는 모든 물체. 별, 행성, 위성, 소행성 등을 통틀어 이르는 말.

→ 인공위성도 우주의 **천체**예요.

태양계 (클 太 + 볕 陽 + 이을 系) — 명사
태양과 그 주위를 공전하고 있는 천체의 집합.

→ **태양계** 행성에서 명왕성이 제외됐어요.

'천체'는 '우주에서 중력으로 묶여 있는 물질 덩어리'예요. 화성, 지구와 같은 행성이나 달, 타이탄 같은 위성, 행성보다 작은 소행성, 지구에서 쏘아 올린 인공위성도 포함돼요. 이들을 관찰하는 망원경을 '천체 망원경'이라고 해요.

'태양계'는 8개의 행성과 100여 개 이상의 위성, 화성과 목성 사이에 흩어져 있는 소행성, 태양 주위를 지나가는 혜성, 긴 빛줄기를 만드는 유성 들로 이루어져 있어요. 태양계는 태양의 중력에 영향을 받는 천체들의 모임이에요.

 이런 **뜻**이 있어요

명사

항성 (항상 恒 + 별 星)
스스로 빛을 내는 천체.

→ 태양은 스스로 빛을 내는 **항성**이에요.

명사

유성 (흐를 流 + 별 星)
지구의 대기권 안으로 들어와 빛을 내며 떨어지는 작은 물체.

→ **유성**을 보며 소원을 빌면 이루어진대요.

'항성'은 '항상 빛을 내는 별'을 가리키는 말로, 태양이 해당해요. 수소를 헬륨으로 바꾸는 핵융합 반응을 일으켜 어마어마한 빛과 에너지를 만들어 내지요. 항성은 '항상 같은 자리에서 보이는 별'이란 의미도 있어요.

'유성'은 '별똥별'이라고도 불러요. 우주에서 떠돌던 먼지나 암석이 지구에 끌려 들어와 대기권에서 마찰을 일으켜 빛을 내며 타는 거예요. 대기를 뚫고 지표면까지 떨어진 유성을 가리켜 '운석'이라고 해요.

명사

혜성 (비 彗 + 별 星)
일정한 주기로 태양 둘레를 긴 타원 궤도를 그리며 도는 천체.

→ 76주기를 가진 핼리 **혜성**은 2062년에 올 것으로 예상해요.

'혜성'은 '꼬리별'이라고도 해요. 탄소, 암석, 얼음, 암모니아 등이 섞여 있는데, 타원이나 포물선 궤도로 태양 둘레를 돌아서 멀리 태양계 바깥까지 나갔다가 다시 돌아와요. 혜성이 태양에 가까워지면 태양의 높은 열과 압력에 의해 태양 반대쪽으로 꼬리가 만들어져요.

어맛! 말맛 살리는 **과탐 어휘 퀴즈**

※ 아래 빈칸에 어울리는 말을 고르세요.

❶ ☐☐☐ 를 보기 위해 극지방으로 여행을 다녀왔어요.

힌트 1 '태양풍으로 날아오는 입자들이 지구에 들어오면서 공기와 부딪혀 빛을 내는 현상'이에요.

힌트 2 빨강, 연두, 분홍색 등 화려한 빛을 내며, 극지방에서만 볼 수 있어요.

① 오미자
② 오로라
③ 오이지

❷ 수많은 별이 모여 밤하늘이 마치 흐르는 강 ☐☐☐ 처럼 보여요.

힌트 1 '우리 은하의 중심에 구름 띠 모양으로 천체가 길게 분포되어 있는 수많은 천체의 무리'를 뜻해요.

힌트 2 순우리말로 '용이 사는 시내'란 뜻의 '미리내'라고도 불러요.

① 아리수   ② 보리수   ③ 은하수

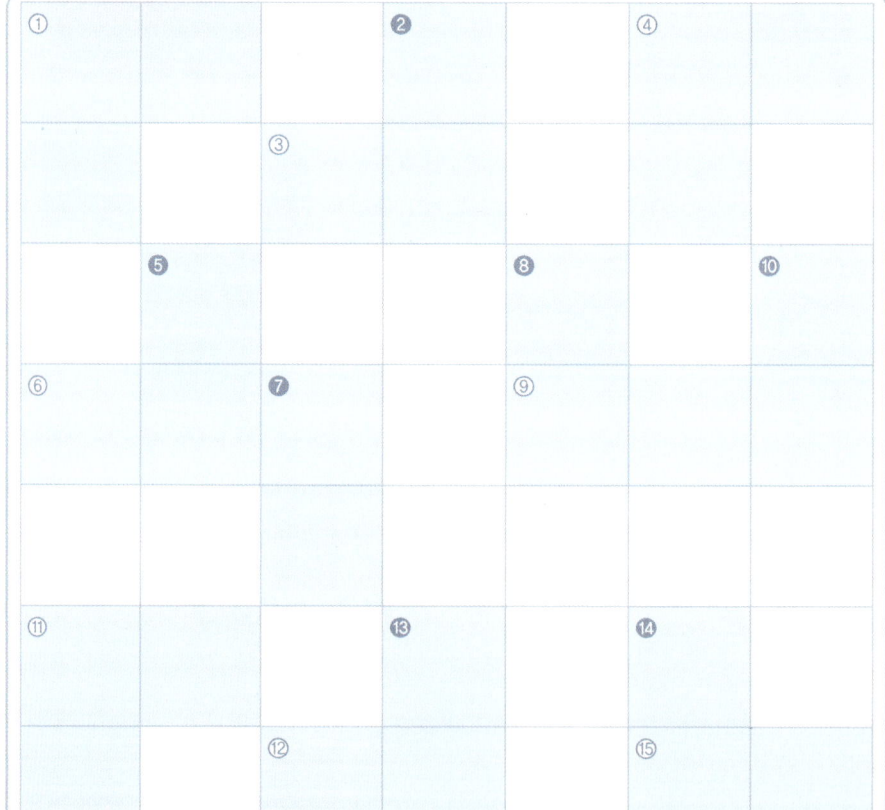

가로 풀이

① 태양에서 세 번째로 가까운 행성이자 인류가 사는 천체.
③ 행성 둘레를 돌고 있는 천체.
④ 바람이 불어오는 방향.
⑥ 용암이 빠르게 굳어진 화성암의 한 종류로, 겉에 가스 성분이 빠져나간 구멍이 있음.
⑨ 바닷가에서 바다와 육지의 기온 차이 때문에 낮과 밤에 바람이 바뀌어 부는 현상.
⑪ 일정한 지역에서 여러 해에 걸쳐 나타난 기온, 비, 눈, 바람 등의 평균 기상 상황.
⑫ 비, 하천, 빙하, 바람 등의 자연 현상이 지표를 깎는 일.
⑮ 일정한 성질을 지닌 거대한 공기 덩어리. 시베리아 ○○.

세로 풀이

① 지구 내부의 힘을 받아 지각이 흔들리고 갈라지는 일.
② 중심 별을 돌며 스스로 빛을 내지 않는 천체.
④ 바람의 속도.
⑤ 단단한 줄기에 가지와 잎이 달린, 여러 해 동안 자라는 식물.
⑦ 지각을 구성하고 있는 단단한 물질.
⑧ 우리나라 동쪽에 있는 바다.
⑩ 북태평양 서남부에서 발생하여 아시아 대륙 동부로 불어오는 열대성 저기압.
⑪ 공기의 온도.
⑬ 달이 태양을 가려 태양의 일부나 전체가 안 보이는 현상.
⑭ 한 해를 스물넷으로 나눈, 계절의 표준이 되는 것.

뒤늦은 신소재 발견

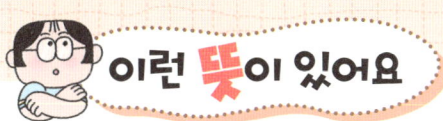

> **명사** ✕
>
> # 나노 기술 (nano + 재주 技 + 꾀 術)
> 나노미터 크기의 물질들을 기초로 하여 생활에 유용한 소재나 시스템 등을 만드는 기술.
>
> → 정보 통신 분야 곳곳에서 **나노 기술**이 사용되고 있어요.

'나노'는 '난쟁이'를 뜻하는 그리스어 나노스(nanos)에서 유래한 말로 '10억분의 1'을 나타내요. 1나노미터(nm)는 10억분의 1미터로, 아주아주 작은 단위지요. 나노 기술을 이용하면 물질을 전혀 다른 성질로 만들 수 있어요. 흑연을 탄소 나노 튜브로 재구성하면, 전기와 열이 잘 통하고 탄성력이 좋아져요.

> **명사** ✕
>
> # 발광 다이오드
> (필 發 + 빛 光 + diode)
> 전류가 정해 놓은 방향으로 흐르면 빛을 내는 기구.
>
> → **발광 다이오드**는 줄여서 LED라고도 해요.

> **명사** ✕
>
> # 신소재
> (새로울 新 + 흴 素 + 재목 材)
> 기존의 재료에는 없는 뛰어난 특성을 가진 소재를 통틀어 이르는 말.
>
> → 우주복에는 최첨단 기술의 **신소재**가 들어가 있어요.

'발광 다이오드(Light Emitting Diode)'는 '빛을 내는 다이오드'란 뜻이에요. 다이오드는 전류를 한쪽으로만 흐르게 하는 장치예요. 따라서 적은 양의 전기로도 밝은 빛을 낼 수 있어요. 오늘날 스마트폰, 텔레비전 등에 이용해요.

'신소재'는 전에 사용하던 소재의 단점을 보완하여 더 우수한 물질로 만들어 내는 거예요. 보통 화학적인 합성을 통해 만들어요. 한 예로, 철에 여러 물질을 혼합해서 녹슬지 않으면서도 단단하게 만든 스테인리스 합금이 있지요.

 이런 뜻이 있어요

명사

그래핀 (graphene)
탄소 동소체 중 하나로, 탄소 원자들이 벌집 모양으로 얽혀 있는 얇은 막.

→ 연구자가 흑연에 투명 테이프를 붙였다 떼었다 해서 **그래핀** 층을 분리했어요.

'그래핀'은 탄소를 얇게 펼친 소재로, 두께가 0.2nm예요. 머리카락을 1,000만 번 쪼갠 정도지요. 전기는 구리보다 100배 더 빨리 전달되고, 전자의 경우 실리콘보다 100배 이상 빠르게 옮겨요. 고무처럼 구부러지거나 도르르 말려서 특수 섬유, 접을 수 있는 디스플레이 등을 만들 수 있어요.

명사

공학 (장인 工 + 배울 學)
공업의 이론, 기술, 생산 등을 체계적으로 연구하는 학문.

→ 생명 **공학**은 인간의 수명을 늘리는 데 큰 역할을 했어요.

명사

휴머노이드 (humanoid)
인간의 신체와 유사한 모습을 한 로봇을 이르는 말. 휴머노이드 로봇.

→ 후쿠시마 원자력 발전소 사고 현장에 **휴머노이드**가 투입되었어요.

'공학'은 천연자원을 인간이 유용하게 쓸 수 있도록 여러 가지 방법을 연구하는 학문으로, '엔지니어링'이라고도 해요. 전자, 전기, 기계, 항공, 토목, 생명, 컴퓨터, 환경 등 다양한 분야가 있어요.

'휴머노이드'는 '인간'이란 뜻의 '휴먼(human)'과 '비슷하다'의 뜻인 '오이드(oide)'가 합쳐진 말이에요. 사람과 비슷하게 생긴 로봇이지요. 사람의 지능과 행동, 감각 등을 모방한 휴머노이드는 사람의 일을 대신하며, 다양한 서비스를 제공해요.

어맛! 말맛 살리는 **과탐 어휘 퀴즈**

❶ ㅊ,ㅈ,ㄷ,ㅊ 를 이용한 전자석으로 자기 부상 열차를 운행해요.

힌트1 '특정 온도 이하가 되면 전기 저항이 0이 되는 물질'로 전력을 소모하지 않고 많은 전류를 흘려보낼 수 있어요.

힌트2 자기 부상 열차, 자기 공명 영상 장치(MRI) 등에 활용해요.

❷ ㅅ,ㅊ,ㅁ,ㅂ 기술을 이용하여 곤충 눈을 닮은 카메라 렌즈를 만들었어요.

힌트1 '동물이나 식물에서 아이디어를 얻어 인간 생활에 적용하는 학문 분야'를 가리켜요.

힌트2 새의 날개를 닮은 비행기 날개, 도꼬마리 씨앗을 응용해 만든 벨크로(찍찍이) 등이 여기에 해당해요.

유전자 가위라면?

대머리는 유전이라는데, 혹시 나도 아빠처럼…?

에이, 요즘 **게놈** 연구가 잘되고 있잖아.

유전자 가위를 이용한 탈모 치료 기술을 연구하는 중이라고 들은 것 같아.

우아, 정말이야?

인공 태양도 만들려고 하는 시대인데, 뭔들 못하겠어.

갑자기 웬 **인공 태양**?

인공 혈액 얘기인 거지?

아차, 둘 다 인공이라.

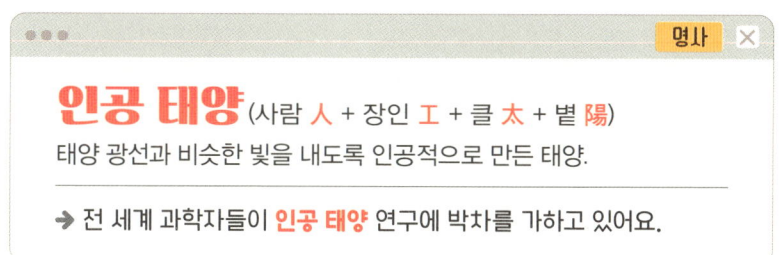

인공 태양 (사람 人 + 장인 工 + 클 太 + 볕 陽) — 명사
태양 광선과 비슷한 빛을 내도록 인공적으로 만든 태양.
→ 전 세계 과학자들이 **인공 태양** 연구에 박차를 가하고 있어요.

'인공 태양'을 만드는 방법 중 첫 번째는 지구에서 핵융합 장치를 이용해 인공적인 빛이 나오도록 하는 태양을 만드는 거예요. 두 번째는 우주에 태양 빛을 반사하는 대형 반사경을 설치해 지구의 일부 지역을 밝히는 것이지요. 최근에는 첫 번째 핵융합 방식의 인공 태양 개발을 많이 하고 있어요.

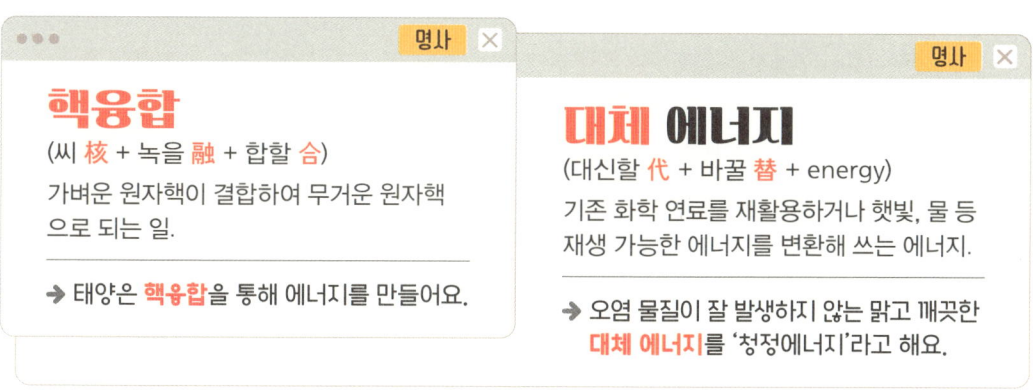

핵융합 (씨 核 + 녹을 融 + 합할 合) — 명사
가벼운 원자핵이 결합하여 무거운 원자핵으로 되는 일.
→ 태양은 **핵융합**을 통해 에너지를 만들어요.

대체 에너지 (대신할 代 + 바꿀 替 + energy) — 명사
기존 화학 연료를 재활용하거나 햇빛, 물 등 재생 가능한 에너지를 변환해 쓰는 에너지.
→ 오염 물질이 잘 발생하지 않는 맑고 깨끗한 **대체 에너지**를 '청정에너지'라고 해요.

'핵융합'은 수소 원자핵 4개가 합쳐져 헬륨 원자핵이 1개 만들어지는 것으로, 이때 엄청난 에너지가 나와요. 태양이 핵융합으로 빛과 열을 내지요. 태양이 1초 동안 내뿜는 에너지를 전기로 바꾸면, 인류가 약 1천만 년 동안 쓸 수 있어요.

'대체 에너지'는 '기존 에너지를 대신할 새로운 에너지'예요. 석유, 석탄 등은 언젠가 고갈되는 데다 환경 오염의 원인이 되지요. 그래서 태양광 발전, 풍력 발전, 핵에너지를 이용한 원자력 발전 등의 대체 에너지를 개발하고 있어요.

 이런 뜻이 있어요

게놈 (genome) <명사>
낱낱의 생물체 또는 1개의 세포가 지닌, 생명 유지에 필요한 유전자의 총량.

→ 과학자들은 '인간 게놈 프로젝트'를 통해 약 30억 개의 **게놈** 정보를 알아냈어요.

'게놈'은 유전자(gene)와 염색체(chromosome)의 합성 용어로, 염색체 속에 들어 있는 유전 정보 전체를 말해요. 다른 말로는 '유전체'라고 해요. 인간의 세포 1개에 있는 46개(23쌍)의 염색체는 모두 31억 개의 염기쌍이 있고, 이 안에 약 2만 6,000~4만 개의 유전자가 있다고 해요.

인공 혈액 <명사>
(사람 人 + 장인 工 + 피 血 + 진 液)
혈액을 대신할 수 있도록 인위적으로 만든 피.

→ 언젠가 수혈할 때 **인공 혈액**만 이용할 수 있을지도 몰라요.

유전자 가위 <명사>
(남길 遺 + 전할 傳 + 아들 子)
DNA의 특정 부분을 잘라서 유전자를 교정하는 데 사용되는 분자 생물학적 도구.

→ 2020년, **유전자 가위** 기술이 노벨 화학상을 받았어요.

'인공 혈액'은 혈액 대신에 이용되는 피로, '대체 혈액'이라고도 해요. 현재 기술로는 사람과 똑같은 피를 만들기는 어려워요. 하지만 몸속에서 산소를 운반하는 헤모글로빈의 역할을 하는 안전한 혈액을 개발하기 위해 노력하고 있어요.

'유전자 가위'는 인간과 동식물 세포의 유전체에서 특정 염기 서열을 자르거나 붙이는 시스템이에요. 이를 통해 희귀 유전자를 없앨 수도 있고, 유전체를 교정하여 병을 치료할 수도 있어요. 하지만 아직 안전성이 입증되지 않았어요.

어맛! 말맛 살리는 **과탐 어휘 퀴즈**

❶ 최근 ㅅㅅㅇㄴㅈ가 청정에너지 중 하나로 주목받고 있어요.

힌트1 '수소를 연소시켜서 얻는 에너지'를 말해요.
힌트2 무공해 연료로, 석유와 석탄의 대체 에너지원이 될 전망이에요.

❷ ㅈㄱㅅㅍ를 이용해 손상된 신체를 재생시키는 연구가 이뤄지고 있어요.

힌트1 '근육, 뼈, 피부 등 다양한 신체 조직으로 분화할 수 있는 초기 단계의 세포'예요.
힌트2 난자와 정자가 결합해 생긴 수정란으로 만드는 '배아○○○○'와 성인의 체세포에서 추출한 '성체○○○○'가 있어요.

정답 ❶ 수소 에너지 ❷ 줄기세포

기술 상용화 시대

명사

스마트 팜 (smart farm)
정보 통신 기술을 이용하여 작물이 자라는 환경을 관리하고 생산성을 높일 수 있는 농장.

➔ 최근에는 **스마트 팜**에서 키운 채소들이 많이 팔리고 있어요.

명사

사물 인터넷
(일 事 + 만물 物 + Internet)
사물과 사물이 인터넷으로 연결되어 서로 정보를 주고받는 환경.

➔ **사물 인터넷** 덕분에 아침이 되면 커튼이 자동으로 열려요.

'스마트 팜'은 농업 기술에 정보 통신 기술(ICT)를 합쳐서 농산물을 효율적으로 생산할 수 있는 환경을 만드는 게 목표예요. 비닐하우스에 IT 기기를 설치해서 빛, 습도, 온도 등을 스마트폰이나 컴퓨터로 원격 관리해요. 노동력이 적게 들고, 안정적인 수익을 올릴 수 있어요.

'사물 인터넷'은 사물에 센서를 달아서 정보를 실시간으로 수집·제어·관리할 수 있도록 한 시스템이에요. 기기들이 인터넷으로 연결되어 있어서 'Internet of Things'의 앞 글자를 따서 '아이오티(IoT)'라고도 해요. 스마트키, 자동으로 조절되는 냉난방 기기 등이 있어요.

명사

상용화 (항상 常 + 쓸 用 + 될 化)
일상적으로 쓰이게 됨.

➔ 스마트폰의 **상용화**로 우리 생활 전반이 변했어요.

'상용화'는 '어떤 기술이나 물품 등이 일상에서 널리 쓰이게 됨'을 뜻해요. 물건이든 기술이든 상용화되기까지는 시간이 걸려요. 기업에서 여러 차례의 테스트를 거쳐 일반인이 널리 이용할 수 있도록 내놓는 것 역시 상용화라고 해요. 비슷한 말로는 '실제로 쓰게 함'의 '실용화'가 있어요.

 이런 뜻이 있어요

명사

딥 러닝 (deep learning)
컴퓨터가 스스로 데이터를 분석하여 학습하는 기술.

→ 인공 지능 '알파고'는 **딥 러닝** 기술로 만들어진 프로그램이에요.

명사

챗GPT (ChatGPT)
미국의 인공 지능 회사가 내놓은 대화형 인공 지능 서비스.

→ 궁금한 게 있으면 **챗GPT**에게 물어보세요.

'딥 러닝'은 기계 학습의 한 종류로, 컴퓨터가 마치 사람처럼 생각하고 배울 수 있도록 하는 기술을 말해요. 외부로부터 입력된 데이터를 통해 스스로 학습하고 상황을 예측하지요. 딥 러닝 기술은 앞으로 더욱 발전할 거예요.

'챗GPT'는 미국의 오픈 에이아이(Open AI)라는 회사가 내놓은 인공 지능 챗봇이에요. 챗봇은 대화창에 질문을 입력하면 인공 지능 프로그램이 대답해 주는 시스템이에요. 챗GPT는 인공 지능 기술이 방대한 정보를 바탕으로 지식을 전하고, 글을 써 주거나 프로그램을 만들어 줘요.

나보다 똑똑하잖아. 쳇! 쳇!

웬만하면 너보다 다 똑똑할걸?

명사

양자 컴퓨터
(헤아릴 量 + 아들 子 + computer)
양자의 움직임에 기반을 두고 프로그램을 처리하는 컴퓨터.

→ **양자 컴퓨터**의 시대가 올까요?

'양자'는 '더 이상 쪼갤 수 없는 에너지의 최소 단위'예요. 양자 컴퓨터는 양자의 물리적 움직임을 활용해서 계산하는 컴퓨터예요. 보통 컴퓨터는 0과 1만 구분해서 사용하는데, 양자 컴퓨터의 경우 0과 1을 동시에 계산에 이용할 수 있어서 엄청나게 복잡한 문제를 단시간에 풀 수 있어요.

어맛! 말맛 살리는 **과탐 어휘 퀴즈**

❶ 요즘은 가상 현실과 증강 현실을 뛰어넘은 ㅎㅈㅎㅅ이 뜨고 있어요.

힌트1 '현실 세계와 가상 현실(VR), 증강 현실(AR), 혼합 현실(MR)이 합쳐진 세계'를 말해요.

힌트2 영어로 'XR(eXtended Reality)'이라 하며, 앞으로 다양한 분야에서 쓰일 전망이에요.

❷ 하늘에는 ㄷㄹ 택시, 땅에는 택배 로봇이 활약하는 시대가 펼쳐질까요?

힌트1 '무선 전파를 이용해 원격 조종되는 무인 비행 물체'를 말해요.

힌트2 처음에는 군사용으로 개발되었다가 요즘은 촬영, 운반, 장난감 등 다양한 기능을 하고 있어요.

정답 ❶ 확장 현실 ❷ 드론

사건의 지평선 너머

이런 뜻이 있어요

기술 과학

우주 탐사
(집 宇 + 집 宙 + 찾을 探 + 사실할 査)
우주에 탐사선이나 인공위성을 보내 우주 공간을 조사하는 것.

→ 보이저호는 지구를 떠난 지 46년이 지난 지금도 **우주 탐사** 중이에요.

우주 망원경
(집 宇 + 집 宙 + 바랄 望 + 멀 遠 + 거울 鏡)
지구 대기 밖 우주에 띄워져 다양한 파장을 관측하는 망원경.

→ 허블 **우주 망원경**을 이용해 가장 오래된 은하를 발견했어요.

'탐사'는 '알려지지 않은 사물이나 사실을 빠짐없이 조사함'이에요. 우주 탐사는 우주에 나가 우리가 알지 못한 미지의 우주 공간을 조사하는 거예요. 2000년대로 접어들면서 다양한 우주 탐사가 이뤄지고 있어요.

천문학자들은 우주 밖에서 천체를 관찰할 수 있도록 우주 망원경을 개발했어요. 1990년 '허블 우주 망원경'을 시작으로, 2021년 11월 25일 '제임스 웹 우주 망원경'이 발사됐어요. 우주 초기의 별빛을 적외선으로 관측하고 있답니다.

달 궤도선
(바큇자국 軌 + 길 道 + 배 船)
달 주변을 돌면서 탐사하는 위성.

→ 2022년 8월, 우리나라 최초 **달 궤도선** 다누리가 발사되었어요.

'달 궤도선'은 달의 둘레를 돌면서 달 탐사에 필요한 정보를 얻는 데 목적이 있어요. 우리나라는 2022년, '다누리' 발사에 성공했어요. 현재 다누리는 달을 돌면서 착륙 후보지 탐색, 달 관측 및 연구 등에 필요한 자료를 수집하고 있어요.

 이런 뜻이 있어요

> **명사**
>
> ## 암흑 물질 (어두울 暗 + 검을 黑 + 만물 物 + 바탕 質)
> 우주를 가득 채우고 있으나 중력을 통해서만 그 존재를 짐작할 수 있는 물질.
>
> → **암흑 물질**은 우주의 '보이지 않는 손'으로 불려요.

> **명사**
>
> ## 블랙홀 (black hole)
> 빛조차 빠져나가지 못할 정도로 중력이 강한 천체.
>
> → 우리 은하 중심에서 초대질량의 **블랙홀** 모습이 포착되었어요.

'암흑 물질'은 우주를 구성하는 물질의 4분의 1 이상을 차지하고 있다고 알려졌어요. 하지만 가시광선, 적외선 등으로도 관측되지 않고, 중력을 통해서만 존재를 알 수 있어요. 이 물질을 연구하면 우주의 탄생을 알 수 있을지도 몰라요.

질량을 가진 물체는 중력을 이용해 주변 공간을 구부러뜨리며 다른 물체를 끌어당겨요. 중력이 너무 커서 빛조차 끌어당기며 빠져나가지 못하게 하는 천체가 있어요. 이 천체를 '검은 구멍'이란 뜻의 '블랙홀'이라고 부른답니다.

> **명사**
>
> ## 사건의 지평선 (일 事 + 사건 件 + 땅 地 + 평평할 平 + 선 線)
> 어떤 지점에서 일어난 사건이 그 영역 바깥에 있는 관측자에게 영향을 미치지 못하는 경계.
>
> → 우리는 **사건의 지평선** 너머의 빛을 볼 수 없어요.

'사건의 지평선'은 보통 블랙홀을 이야기할 때 많이 쓰여요. 블랙홀의 일정 영역에 가면 빛조차 빠져나가지 못하게 되는데, 바로 그 경계를 이렇게 부르지요. 바깥에서 보면 경계의 안쪽에서 무슨 일이 생기는지 전혀 모른답니다.

어맛! 말맛 살리는 **과탐 어휘 퀴즈**

❶ 우리나라 우주 발사체 ㄴ ㄹ ㅎ 가 세 번째 발사에 성공했어요.

> **힌트 1** '우리나라 최초의 저궤도 위성 발사체(로켓)'로, 설계부터 제작, 발사 운용까지 독자적으로 했어요.
> **힌트 2** 2023년 5월, 3차 발사에 성공했어요.

❷ 우주 공간을 떠돌아다니는 ㅇ ㅈ ㅆ ㄹ ㄱ 문제가 심각해요.

> **힌트 1** '지구 궤도를 돌지만 수명을 다해서 이용할 수 없는 인공위성이나 로켓 파편' 등을 말하며, 그 수가 수백만 개에 달해요.
> **힌트 2** 아주 작은 파편이라도 매우 빠른 속도로 움직여서, 인공위성이나 우주인과 충돌하면 치명적인 피해를 줄 수 있어요.

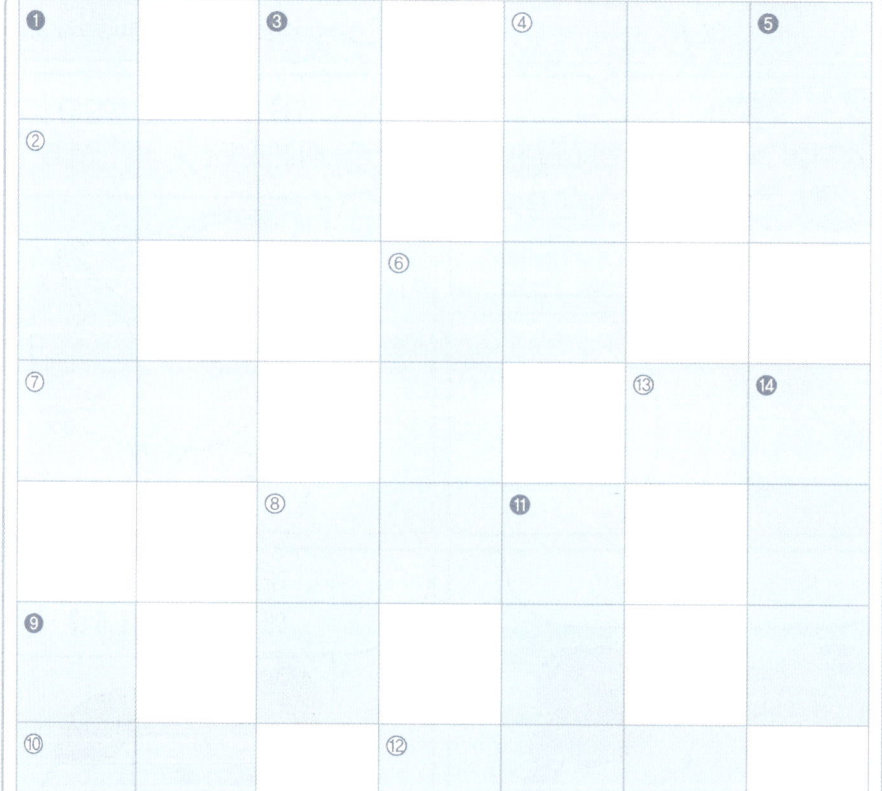

가로풀이

② 공업의 이론, 기술, 생산 등을 체계적으로 연구하는 사람.
④ 탄소 동소체 중 하나로, 탄소 원자들이 벌집 모양으로 얽혀 있는 얇은 막.
⑥ 이탈리아에서 유래한 것으로 둥글고 납작한 밀가루 반죽 위에 토마토, 고기, 치즈 등을 얹어 구운 음식.
⑦ 더 이상 쪼갤 수 없는 에너지의 최소 단위. 이것의 움직임에 기반을 두고 프로그램을 만드는 컴퓨터를 '○○ 컴퓨터'라고 함.
⑧ 자석으로 된 바늘이 있어 방향을 알려 주는 도구.
⑩ 주사기를 통해 사람이나 동물의 몸에 액체로 된 약물을 직접 넣는 일.
⑫ 일상적으로 쓰이게 됨.
⑬ 물을 묻혀서 거품을 내어 몸이나 옷에 묻은 때를 씻는 데 쓰는 물건.

세로풀이

① 태양 광선과 비슷한 빛을 내도록 인공적으로 만든 태양.
③ 어떤 물질을 이루면서 그 물질의 성질을 지닌 아주 작은 크기의 물체.
④ 물체가 빛을 가려서 그 물체 뒷면에 드리워지는 검은 그늘.
⑤ 손으로 집기 어려운 물건을 집는 데에 쓰는, 족집게와 비슷한 기구.
⑥ 구름과 땅 사이에 전류가 흐르는 벼락을 막기 위해 건물 높은 곳에 세우는 금속 막대기.
⑧ 10억분의 1을 나타내는 말.
⑨ 태양, 지구, 달, 은하계 등 모든 천체를 포함하는 공간.
⑪ 다른 물체로부터 힘을 받은 물체가 반대로 힘을 가한 물체에 똑같은 정도의 힘을 미치는 것.
⑭ 우리나라 최초의 저궤도 위성 발사체(로켓). 2023년 5월 25일 3차 발사에 성공했음.

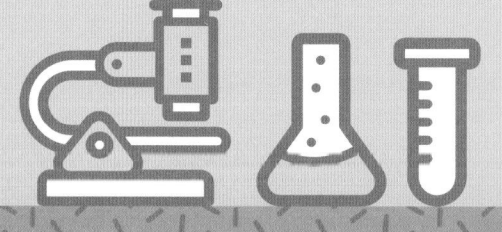

생태계에서 옥이는?

> **명사**
>
> **생태계** (날 生 + 모양 態 + 이을 系)
> 일정한 지역이나 환경에서 여러 생물이 서로 적응하고 관계를 맺으며 어우러진 자연의 세계.
>
> → **생태계**는 생물 요소와 비생물 요소로 이루어져 있어요.

'생태계'는 '생물과 생물이 아닌 환경이 서로 영향을 주고받으며 살아가는 것'을 말해요. 예를 들어 숲은 식물, 나무, 동물이 바람과 햇빛, 흙 등의 환경을 이용해 살아가요. 살아 있는 생물과 여러 가지 환경 요소가 서로 영향을 주고받으며 살아가고 있어요.

> **명사**
>
> **생산자** (날 生 + 낳을 産 + 사람 者)
> 스스로 양분을 만들어 살아가는 식물.
>
> → 풀과 나무는 햇빛을 이용해 양분을 만드는 **생산자**예요.

> **명사**
>
> **소비자** (꺼질 消 + 쓸 費 + 사람 者)
> 생태계에서 양분을 만들지 못하는 생물.
>
> → 생태계에서 **소비자**는 주로 생산자를 먹고 살아요.

'생산자'라고 하면 '물건을 만들어 내는 사람'을 생각할지도 몰라요. 생태계에서 생산자는 광합성을 통해 양분을 만들어 내는 생물로, 주로 녹색 식물이 해당해요. 생태계가 이루어지는 시작점이에요.

'소비자'는 스스로 양분을 만들지 못해요. 다른 생물을 먹이로 하여 살아가요. 생산자인 식물을 먹고 사는 1차 소비자, 이들을 먹는 2차, 3차 소비자가 있어요. 사람은 1차, 2차, 3차 소비자 모두에 속해요.

이런 뜻이 있어요

명사

분해자
(나눌 分 + 풀 解 + 사람 者)
죽은 생물을 분해하여 다른 생물이 이용할 수 있게 해 주는 생물.

→ 생태계에서 곰팡이, 박테리아 등이 대표적인 **분해자**예요.

'분해'는 '여러 부분으로 이루어진 것을 부분이나 성분으로 따로 나눔'의 뜻이에요. '분해자'는 생물의 죽은 몸이나 배설물을 분해해요. 안 그러면 세상에는 죽은 동식물로 가득 찰 거예요. 분해된 양분이 흙에 들어가서 생산자에게 영양분을 제공하지요. 생태계에서 분해자의 역할이 아주 커요.

명사

적응 (갈 適 + 응할 應)
어떤 조건이나 환경에 익숙해지거나 알맞게 변화함.

→ 선인장의 가시는 사막에 **적응**한 거예요.

명사

경쟁 (다툴 競 + 다툴 爭)
생물이 환경을 이용하기 위해 다른 개체나 종과 벌이는 상호 작용.

→ 사자와 독수리가 영양을 놓고 **경쟁**해요.

생태계에서 '적응'은 '생물이 주위 환경에 맞도록 모양이나 특성이 변화하는 과정'을 말해요. 햇빛이 없는 동굴이나 깊은 바닷속, 물이 거의 없는 사막에서도 생물이 주변 환경에 적응해 살아가요.

'경쟁'은 '같은 목적에 대해 이기거나 앞서려고 서로 겨루는 것'을 말해요. 생태계에서는 자원이 한정되어 있어서, 생물들끼리 살아남기 위해 경쟁할 수밖에 없어요. 경쟁은 생물의 수가 공간이나 먹이의 양에 비해 많아지면 치열해져요.

어맛! 말맛 살리는 **과탐 어휘 퀴즈**

 환경

※ 아래 빈칸에 어울리는 말을 고르세요.

❶ 악어와 악어새는 서로 도움을 주고받는 ☐☐ 관계에 있어요.

힌트 1 '종류가 다른 생물이 같은 곳에서 살며 서로에게 이익을 주며 함께 사는 일'을 말해요.

힌트 2 본래는 '서로 도우며 함께 삶'이란 뜻이 있어요.

① 공생　　　② 선생　　　③ 수생

❷ 진딧물이 벼에 붙어 양분과 수분을 빨아먹으며 ☐☐ 해요.

힌트 1 '한 생물이 다른 생물의 표면이나 몸속에 살면서 양분을 빨아먹으며 이득을 얻고 상대 생물에게는 피해를 주는 관계'를 말해요.

힌트 2 이때 양분을 빼앗는 생물을 '○○ 생물', 양분을 빼앗기는 생물을 '숙주 생물'이라고 해요.

① 미생
② 식생
③ 기생

정답 1 ① 2 ③

외래종의 교란

> **명사**
> # 먹이 사슬
> 생태계에서 먹이를 중심으로 이어진 생물 간의 관계.
>
> → 실제 생태계에서는 먹고 먹히는 관계가 **먹이 사슬**보다 더 복잡해요.

> **명사**
> # 먹이 그물
> 생태계에서 여러 생물의 먹이 사슬이 그물처럼 얽힌 것.
>
> → **먹이 그물**이 복잡할수록 안정된 생태계라고 봐요.

'먹이 사슬'은 생태계에서 생산자와 1차, 2차, 최종 소비자의 관계를 차례로 나타낸 거예요. 풀을 메뚜기가 먹고, 메뚜기는 개구리, 개구리는 독수리가 먹는 관계처럼요. 다른 말로 '먹이 연쇄'라고 해요.

생태계 내에서 생물은 여러 생물을 먹이로 하고, 다른 여러 생물에게 잡아먹혀요. 그래서 먹이 사슬이 복잡하게 얽혀 있는데, 이를 가리켜 '먹이 그물'이라고 해요. 먹고 먹히는 관계가 얽혀 있어서 쉽게 멸종되는 걸 막을 수 있어요.

> **명사**
> # 평형 (평평할 平 + 저울대 衡)
> 사물이 한쪽으로 기울지 않고 안정해 있음.
>
> → 생태계 **평형**은 생물 집단의 수와 양이 균형을 이룬 상태예요.

'평형'은 '생각이나 상태가 한쪽으로 치우치지 않음'을 말해요. 자연 속에서 생태계는 평형이 잘 유지돼요. 만약 메뚜기의 수가 늘어나면 풀의 양이 줄어들고 개구리의 수는 늘어나요. 개구리가 많아지면 메뚜기의 수가 다시 줄어들겠지요? 그러면 풀도 다시 일정한 양이 돼요.

외래종 (바깥 外 + 올 來 + 씨 種) [명사]

다른 나라에서 들어온 씨나 품종.

→ 황소개구리, 뉴트리아 등 **외래종** 때문에 우포늪의 생태계가 무너지고 있어요.

'외래종'은 '원래의 서식지를 벗어나 다른 곳에서 살게 된 생물'을 말해요. 외래종은 새로운 환경에 잘 적응해 살기도 하지만, 번식력과 식성이 좋아서 토종 서식지를 빼앗고 생태계의 평형을 무너뜨리기도 해요.

교란 (어지러울 攪 + 어지러울 亂) [명사]

어떤 질서나 마음을 뒤흔들어 어지럽게 함.

→ 외래종 중에서 생태계의 균형에 **교란**을 일으키는 생물이 있어요.

멸종 (멸망할 滅 + 씨 種) [명사]

생물의 한 종류가 지구에서 완전히 없어짐.

→ **멸종** 위기에 놓인 동물들이 천연기념물로 지정돼 보호받고 있어요.

'교란'은 '상황을 뒤흔들어 혼란하게 함'을 뜻해요. 우리나라에서는 생태계에 혼란을 일으키는 야생 생물을 '생태계 교란 야생 생물'로 정해서 관리하고 있어요. 대표적인 교란 야생 생물로는 황소개구리, 큰입배스, 뉴트리아, 꽃매미, 단풍잎돼지풀 등이 있어요.

'멸종'은 한 생물의 종이 줄어들다가 결국 완전히 사라져 버리는 거예요. 요즘은 환경 오염으로 생태계가 망가져서 멸종하는 생물들이 늘어나고 있어요. 생물은 어느 한 종이 멸종하면 다른 종도 이어서 멸종될 수 있어요. 우리의 삶에도 아주 큰 영향을 끼친답니다.

어맛! 말맛 살리는 **과탐 어휘 퀴즈**

※ 아래 빈칸에 어울리는 말을 고르세요.

❶ 공룡이 ☐☐☐☐한 원인은 소행성의 지구 충돌이었어요.

- 힌트 1: '지구 환경이 갑작스럽게 변화하여 생물이 크게 멸종한 사건'을 말해요.
- 힌트 2: 지구는 지난 5억 년 동안 다섯 차례의 이것을 겪었어요.

① 대량 증발   ② 대량 멸종   ③ 소량 실종

❷ 열대 우림 파괴, 해양 오염 등으로 생물 ☐☐☐이 줄어들고 있어요.

- 힌트 1: '지구상의 생물 종, 유전자, 생태계가 매우 다양함'을 이르는 말이에요.
- 힌트 2: UN에서는 5월 22일을 '세계 생물 ○○○의 날'로 기념하고 있어요.

① 복잡성
② 희소성
③ 다양성

정답 ❶ ② ❷ ③

탄소 발자국

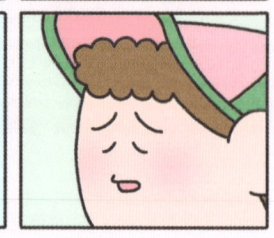

기후 변화
(기운 氣 + 기후 候 + 변할 變 + 될 化)
지구의 평균 기온이 변하는 현상.

→ 우리나라의 **기후 변화**가 어떻게 나타날지 예측해 봐야 해요.

온실가스
(데울 溫 + 집 室 + gas)
지구 대기를 오염시켜 온실 효과를 일으키는 가스.

→ 지구 온난화를 막기 위해서는 **온실가스** 배출량을 줄여야 해요.

'기후 변화'는 본래 '일정 지역에서 장기간에 걸쳐서 진행되는 기상의 변화'를 말해요. 최근에는 지구 온난화로 인해 지구의 평균 기온이 오르고 있는 현상을 포함해요. 지구의 온도가 점점 올라가자, 여러 이상 기온이 나타나고 있어요.

'온실가스'는 지구의 열에너지가 대기권 밖으로 빠져나가지 못하도록 온실 효과를 일으키는 기체예요. 이산화 탄소, 메탄, 이산화 질소, 프레온, 오존 등이 있어요. 화석 연료의 사용이 증가하면서 온실가스 배출량이 늘었어요.

해양 오염
(바다 海 + 큰 바다 洋 + 더러울 汚 + 물들일 染)
쓰레기, 기름, 폐수 등이 바다에 흘러들거나 버려지면서 바다가 오염되는 것.

→ 하수와 폐수가 **해양 오염**을 초래했어요.

'해양 오염'은 말 그대로 바다가 오염되는 거예요. 인간의 활동으로 생겨난 쓰레기들이 바다로 흘러들어 바닷물을 오염시키는 것은 물론, 바다에서 사는 동식물의 생태까지 위협하고 있어요. 특히 산소를 만들어 내는 식물 플랑크톤이 죽으면 바다 생물은 살 수 없게 돼요.

 이런 뜻이 있어요

명사

유해성
(있을 有 + 해로울 害 + 성품 性)
해로운 성질이나 특성.

→ 최근에는 미세 플라스틱의 **유해성**을 심각하게 여기고 있어요.

'유해성'은 보통 '화학 물질의 독성처럼 생물의 건강이나 살아가는 환경에 좋지 않은 영향을 끼치는 성질'을 말해요. 예를 들어, 우리가 자외선을 차단하기 위해 바르는 선크림에는 옥시벤존이라는 성분이 들어 있는데, 이는 산호초에 해로워요. 유해성이 있는 거예요.

명사

백화 현상
(흰 白 + 될 化 + 나타날 現 + 형상 象)
바닷속 수온 상승으로 해조류가 사라지고 산호말이 퍼져 흰색으로 변하는 현상.

→ 지구 온난화로 수온이 높아지자 산호초 **백화 현상**이 퍼지고 있어요.

명사

녹조 현상
(초록빛 綠 + 조수 潮 + 나타난 現 + 형상 象)
강이나 호수에 남조류가 대량으로 생겨 물이 녹색으로 변하는 현상.

→ 하천의 물이 줄어들고 **녹조 현상**이 심해졌어요.

'백화 현상'의 주요 원인은 수온 상승이에요. 산호초에서 공생하던 조류가 높은 수온으로 인해 이상이 생기면, 산호초는 영양분을 얻지 못한 채 하얀 석회질만 남아요. 백화 현상이 일어나면 해조류가 자라지 못해서 바다가 황폐해져요.

'녹조 현상'은 바다의 수온이 높아지거나 영양 물질이 많이 들어와, 조류 중에서 엽록체를 가진 남조류가 과하게 성장하는 거예요. 물 표현에 녹조가 덮이면 햇빛이 차단되고 산소가 물에 못 들어가요. 물속 생물들이 죽게 되지요.

어맛! 말맛 살리는 과탐 어휘 퀴즈

※ 아래 빈칸에 어울리는 말을 고르세요.

❶ 바다가 ☐☐ 현상으로 비상이에요.

힌트 1 '붉은색을 띠는 편모충류 등의 플랑크톤이 대량으로 증식하여 바닷물이 붉게 보이는 현상'이에요.

힌트 2 바닷물에 영양물질이 많아지면서 생기는데, 산소 부족으로 물고기들이 떼죽음해요.

① 녹조　　　② 백조　　　③ 적조

❷ 일상생활에서 ☐☐☐☐☐을 줄이려면 어떻게 해야 할까요?

힌트 1 '개인이나 단체가 생활 속에서 만들어 내는 온실 기체, 특히 이산화 탄소의 양'이에요.

힌트 2 제품을 만들어 팔고, 쓰는 과정에서 나오는 온실가스 배출량을 숫자로 바꾸어 나타내는데, 숫자가 클수록 배출량이 많다는 뜻이에요.

① 탄소 발자국
② 산소 발생량
③ 공룡 발자국

정답 ❶ ③ ❷ ①

기후 위기와 탄소 중립

이런 뜻이 있어요

환경

기후 위기 [명사]

(기운 氣 + 기후 候 + 위태할 危 + 틀 機)
기후 변화로 인류 문명은 물론 전 지구적으로 심각한 위험에 처한 상황.

→ **기후 위기**는 현재 진행형이며, 우리 삶과 연결되어 있어요.

탄소 중립 [명사]

(숯 炭 + 흴 素 + 가운데 中 + 설 立)
배출한 이산화 탄소만큼 이산화 탄소를 흡수해 배출량을 0으로 만든다는 개념.

→ 지구 온도를 유지하기 위해 **탄소 중립**을 실천합시다!

'기후 위기'는 기후 변화로 인해 이상 기온뿐만 아니라 물 부족, 식량 부족, 해수면 상승, 생태계 등이 무너지게 되면서 인간의 문명뿐만 아니라 전 지구가 위험에 처했다고 보는 거예요.

'탄소 중립'이란 지구 온난화의 주범인 이산화 탄소를 포함한 온실가스를 최대한 줄이는 거예요. 신재생 에너지 사용을 추진하기도 하고, 숲을 가꾸어 이산화 탄소를 흡수하는 방법도 써요.

미세 플라스틱 [명사]

(작을 微 + 가늘 細 + plastic)
크기 5mm 이하의 아주 작은 플라스틱.

→ **미세 플라스틱**은 입자가 작아서 생물의 몸에 쉽게 스며들어요.

'플라스틱'은 '열이나 압력을 가해 쉽게 모양을 만들 수 있는 고분자 화합물'이란 뜻이에요. 석유를 가공해 만든 화학 물질로, 우리 생활 전반에 쓰여요. 하지만 플라스틱은 잘 썩지 않고, 태우면 환경 호르몬이 나와요. 잘게 부서진 미세 플라스틱은 바다나 토양으로 흘러들어 생물의 삶을 위협하고 있어요.

 이런 뜻이 있어요

재활용 [명사]
(다시 再 + 살 活 + 쓸 用)
플라스틱이나 종이 등 폐품의 용도를 바꾸거나 가공하여 다시 씀.

→ 우리나라는 **재활용**을 의무화해서 분리수거를 생활화하고 있어요.

'재활용'은 '한 번 사용한 물품을 다시 자원으로 만들어 새로운 제품의 원료로 쓰는 일'이에요. 플라스틱의 경우 회수해서 또 다른 플라스틱을 만들지요. 반면, 유리병의 경우는 씻고 소독해서 다시 사용하는데, 이는 '재사용'이라고 해요.

자원 순환 [명사]
(재물 資 + 근원 源 + 좇을 循 + 고리 環)
환경 보호를 위해 자원을 절약하고 재활용하는 것.

→ 매년 9월 6일은 정부가 정한 **자원 순환**의 날이에요.

친환경 [명사]
(친할 親 + 고리 環 + 지경 境)
자연환경을 오염시키지 않고 자연 그대로의 상태와 잘 어울리는 일.

→ 이 제품은 **친환경** 소재를 쓴 것입니다.

'순환'은 '어떤 현상이 과정을 지나 다시 처음으로 돌아오는 것을 되풀이함'의 뜻이에요. '자원 순환'은 자원을 한 번 쓰고 버리는 게 아니라 적당한 방식으로 처리하고 재활용하는 거예요. 자원을 아끼고, 환경을 보호할 수 있어요.

'친환경'은 다른 말로 '환경 친화'라고도 해요. 환경 오염을 적게 하고 잘 어울려 사는 거예요. 농약을 치지 않고 농산물을 생산한다든가, 배기가스가 없는 전기 버스를 이용하는 일, 장바구니를 이용하는 것도 친환경 활동이에요.

어맛! 말맛 살리는 **과탐 어휘 퀴즈**

※ 아래 빈칸에 어울리는 말을 고르세요.

❶ 자연보호를 위해 우리 함께 달리면서 ☐☐☐ 을 해 볼래?

힌트 1 '조깅이나 산책하면서 길가의 쓰레기를 줍는 활동'으로 스웨덴에서 시작해 전 세계로 퍼졌어요.

힌트 2 국립국어원에서 바꿔 쓸 말로 '쓰담달리기'를 내놓기도 했어요.

① 이야기
② 플로깅
③ 마라톤

❷ 비정부 기구인 ☐☐☐☐ 에서는 환경을 오염시키는 원자력 발전을 반대해요.

힌트 1 '1971년 설립된 국제 환경 보호 단체로, 지구의 환경을 보존하고 세계 평화를 지키기 위한 활동'을 하고 있어요.

힌트 2 본부는 네덜란드 암스테르담에 있고, 우리나라의 서울사무소는 2011년에 문을 열었어요.

① 그린피스
② 유니세프
③ 해비타트

정답 ❶ ② ❷ ①

가로세로 십자말풀이 ⑧

가로 풀이

① 일정한 지역이나 환경에서 여러 생물이 서로 적응하고 관계를 맺으며 어우러진 자연의 세계.
③ 다른 나라에서 들어온 씨나 품종.
⑤ 환경 보호를 위해 자원을 절약하고 재활용하는 모든 것.
⑦ 생물의 세포를 구성하며 에너지를 공급하는 주요 영양소.
⑧ 플라스틱이나 종이 등 폐품의 용도를 바꾸거나 가공하여 다시 씀.
⑨ 종류가 다른 생물이 같은 곳에서 살며 서로에게 이익을 주며 함께 사는 일.
⑪ 위험한 고비. 위험해서 아슬아슬한 순간.
⑬ 지구 표면에 있는 암석이 햇빛, 공기, 물, 생물 등의 작용으로 조금씩 깨지고 부서지는 일.

세로 풀이

① 스스로 양분을 만들어 살아가는 식물을 이르는 말.
② 일반적인 규칙이나 예에서 벗어나는 일.
④ 생물의 한 종류가 지구에서 완전히 없어짐.
⑥ 다른 물질이 섞이지 않고 한 가지 순수한 물질로만 이루어진 물질.
⑦ 보온하거나 열을 차단할 목적으로 쓰는 재료.
⑩ 다른 동물이나 식물에 붙어서 영양분을 빼앗아 먹으며 살아감을 이르는 말.
⑫ 지구의 평균 기온이 변하는 현상.

가로세로 십자말풀이 정답

① 26쪽

가	설		❸의	사	소	❹통
	정		구			제
			심		❽관	
❺일	반	❻화		❾측	정	
		❼상	⓬온	소		
	❿가		도	출		⓮시
⓫내	열		계		⓯보	약

② 50쪽

	❶액	화		❸원	소	
❷기	체		❹분	자		❺주
화			리		❼염	기
	❻용	해		❿화		율
	액			합		표
❽확			⓫이	물	⓬질	
❾산	성	비			⓭소	화

③ 70쪽

❶검		❸전			❺속	
❷정	전	기		❹무	중	력
		력		게		
	❻인		❿가		⓬사	⓭진
❼부	력		❾속	도		공
치		⓫파	도		⓯관	
❽질	량			⓮탄	성	력

④ 88쪽

	❶대		❸전	기	❹회	로
❷전	류		도		색	
압		❺병			❽복	
	❻직	렬			❾반	사
❼소	진		⓫과	학	도	
음		⓬맨			⓭체	⓮중
	⓯가	시	광	선		심

5 112쪽

탈	바	꿈		②영	③양	소
피		④세			서	
	⑧식	포	⑥유	류		
⑦동	물			전		
		⑫나		자		⑬성
⑨한	살	이		⑩심	장	
숨		⑪테	스	트		판

6 140쪽

①지	구		②행		④풍	향
진		③위	성		속	
	⑤나		⑧동		⑩태	
⑥현	무	⑦암		⑨해	륙	풍
		석				
⑪기	후		⑬일		⑭절	
온		⑫침	식		기	단

7 160쪽

①인		③입		④그	래	⑤핀
②공	학	자		림		셋
태			⑥피	자		
⑦양	자		뢰		⑧비	⑭누
		⑧나	침	⑪반		리
⑨우		노		작		호
⑩주	사		⑫상	용	화	

8 180쪽

①생	태	계		②예		④멸
산				③외	래	종
⑤자	원	⑥순	환			
		물		⑪위		⑫기
⑦단	백	질		⑩기		후
열			⑨공	생		변
⑧재	활	용		⑬풍		화

어휘 찾아보기

ㄱ
가설 … 11
가속도 … 59
가시광선 … 81
가열 … 23
감각 기관 … 109
감전 … 24
게놈 … 150
경쟁 … 166
계절풍 … 130
고기압 … 130
고체 … 35
곤충 … 102
공생 … 167
공전 … 118
공통점 … 16
공학 … 146
관성 … 60
관찰 … 12
관측 … 12
광속 … 61
광합성 … 94
교란 … 170
규칙성 … 15
균일 … 32
그래프 … 17
그래핀 … 146
그린피스 … 179
그림자 … 83
그을음 … 45
극 … 67
근육 … 105
기생 … 167

기온 … 134
기체 … 35
기화 … 36
기후 … 134
기후 변화 … 173
기후 위기 … 177
끓는점 … 32

ㄴ
나노 기술 … 145
나이테 … 95
나침반 … 69
난생 … 103
남중 고도 … 133
내열 … 23
노폐물 … 111
녹조 현상 … 174
누리호 … 159

ㄷ
다양성 … 171
단열재 … 86
단층 … 127
달 궤도선 … 157
대량 멸종 … 171
대류 … 86
대체 에너지 … 149
데시벨 … 75
도체 … 78

도출 … 21
동물 … 97
드론 … 155
등속 직선 운동 … 60
딥 러닝 … 154
떡잎 … 95

ㄹ
렌즈 … 82

ㅁ
마찰력 … 64
만유인력 … 56
맨틀 … 121
먹이 그물 … 169
먹이 사슬 … 169
멸종 … 170
무게 … 55
무게 중심 … 57
무중력 상태 … 56
미세 플라스틱 … 177

ㅂ

반도체 … 79
반작용 … 61
발광 다이오드 … 145
발화점 … 43
배설 기관 … 109
백색 소음 … 75
백화 현상 … 174
법칙 … 60
변온 동물 … 98
변인 … 19
변환 … 20
보안경 … 25
보온병 … 87
복사 … 86
부력 … 64
부채질 … 25
분류 … 16
분리 … 31
분자 … 40
분해자 … 166
불완전 연소 … 44
블랙홀 … 158
빅뱅 … 137
빛의 굴절 … 82
빛의 반사 … 81
빛의 산란 … 82
빛의 직진 … 81

ㅅ

사건의 지평선 … 158
사물 인터넷 … 153
산 … 48
산성비 … 49
산소 … 43
상용화 … 153
생산자 … 165
생체 모방 … 147
생태계 … 165
설정 … 19
성장판 … 107
세포 … 105
소리 … 73
소리의 높낮이 … 74
소리의 맵시 … 74
소리의 세기 … 73
소비자 … 165
소화 … 44
소화 기관 … 106

속도 … 59
속력 … 59
수명 … 103
수소 에너지 … 151
수용액 … 47
순물질 … 31
순환 기관 … 106
스마트 팜 … 153
스모그 … 135
습도 … 134
승화 … 37
시약 … 23
식물 … 93
식물의 구조 … 93
신경계 … 109
신기루 … 83
신소재 … 145
실험 … 11
썰물 … 119

ㅇ

아지랑이 … 87
암석 … 125
암흑 물질 … 158
액체 … 35
액화 … 36
양서류 … 101
양자 컴퓨터 … 154
어류 … 101
연소 … 44
열 … 85
열평형 … 85
염기 … 48
엽록체 … 94
영양소 … 107
예상 … 15
오감 … 13
오로라 … 139
온도 … 43
온도계 … 13
온실가스 … 173
외래종 … 170
외핵 … 121
용수철 … 65
용암 … 123
용액 … 47
용해 … 47
우주 망원경 … 157
우주 쓰레기 … 159
우수 남사 … 157
원소 … 39
원자 … 39
월식 … 119

위성 … 117
유독성 … 24
유성 … 138
유전자 … 110
유전자 가위 … 150
유해성 … 174
융해 … 37
은하수 … 139
응고 … 36
의사소통 … 17
이산화 탄소 … 45
이슬 … 135
이온 … 40
인공 태양 … 149
인공 혈액 … 150
인력 … 68
인식 … 19
일반화 … 21
일식 … 118
입자 … 39

ㅈ

자기력 … 64
자기장 … 67
자석 … 67
자원 순환 … 178
자전 … 118
자하 … 69
장마 … 131
재활용 … 178
저기압 … 130

저울 … 57
적응 … 166
적조 … 175
전기 … 77
전기 회로 … 78
전기력 … 63
전도 … 85
전류 … 77
전압 … 77
전자석 … 68
절기 … 133
정전기 … 65
조류 … 101
주기율표 … 41
줄기세포 … 151
중력 … 55
중성 … 49
중화 반응 … 48
증발 … 33
증산 작용 … 93
지각 … 121
지구 … 117
지진 … 122
지층 … 126
직렬연결 … 78
진공 … 56
진동 … 73
진화 … 97
질량 … 55
짝짓기 … 99

ㅊ

차이점 … 16
챗GPT … 154
척력 … 68
척추동물 … 97
천체 … 137
초식 동물 … 99
초음파 … 74
초전도체 … 147
추리 … 15
측정 … 12
친환경 … 178
침식 … 125

ㅋ

크로마토그래피 … 33

ㅌ

탄성력 … 63
탄소 발자국 … 175
탄소 중립 … 177
탈바꿈 … 102
탈피 … 102
탐구 … 11
태양계 … 137
태풍 … 131
통제 … 20
퇴적 … 126

ㅍ

파충류 … 98
판 구조론 … 122
평형 … 169
포유류 … 98
풍속 … 129
풍향 … 129
풍화 작용 … 125
플로깅 … 179
피뢰침 … 79
피부 … 111

ㅎ

하지 … 133
한살이 … 94
항성 … 138
해륙풍 … 129
해석 … 20
해양 오염 … 173
핵융합 … 149
행성 … 117
현무암 … 127
혈액 … 105
혜성 … 138

호르몬 … 110
호흡 기관 … 106
혼합물 … 31
화산 … 122
화산섬 … 123
화상 … 24
화석 … 126
화학 반응 … 40
화합물 … 32
확산 … 41
확장 현실 … 155
휴머노이드 … 146
힘 … 63

D

DNA … 110

말맛이 살고 글맛이 좋아지는
어맛! 과학 탐구 어휘 맛집

1판 1쇄 발행 2023년 7월 20일
1판 2쇄 발행 2023년 11월 20일

글   홍옥
그 림   미늉킴

펴 낸 이 김유열
편성센터장 김광호
지식콘텐츠부장 오정호
단행본출판팀·기획 장효순, 최재진, 서정희 **마케팅** 최은영 **제작** 정봉식

책임편집 홍옥
디 자 인 김수인
인   쇄 애드그린인쇄

펴 낸 곳 한국교육방송공사(EBS)
출판신고 2001년 1월 8일 제2017-000193호
주   소 경기도 고양시 일산동구 한류월드로 281
대표전화 1588-1580
이 메 일 ebsbooks@ebs.co.kr
홈페이지 www.ebs.co.kr

I S B N 978-89-547-7139-9 74700
         978-89-547-5398-2 (세트)

ⓒ 2023, EBS·홍옥·미늉킴

이 책은 저작권법에 따라 보호받는 저작물이므로 무단 전재 및 무단 복제를 금합니다.
파본은 구입처에서 교환해 드리며, 관련 법령에 따라 환불해 드립니다. 제품 훼손 시 환불이 불가능합니다.